Frank Corleis

Die Bedeutung von Naturerlebnissen in der Schule: Naturerlebnispädagogik?

Schriftenreihe
Kleine Schriften zur Erlebnispädagogik
- Band 23 -

herausgegeben

von:

Prof. Dr. Jörg W. Ziegenspeck

Institut für Erlebnispädagogik e.V.

an der

Universität Lüneburg

Fachbereich 1: Erziehungswissenschaft

Die Deutsche Bibliothek – CIP-Einheitsaufnahme

Die Bedeutung von Naturerlebnissen in der Schule : Naturerlebnispädagogik? :
Frank Corleis. Mit einem Vorw. von Jörg W. Ziegenspeck.
Lüneburg : Ed. Erlebnispädagogik, 2000
(Schriftenreihe kleine Schriften zur Erlebnispädagogik ; Bd. 23)
ISBN 3-89569-048-1

Herstellung: Books on Demand GmbH

ISBN-3-89569-048-1

Schriftenreihe
Kleine Schriften zur Erlebnispädagogik
- Band 23 -

Frank Corleis

Die Bedeutung von Naturerlebnissen in der Schule:

Naturerlebnispädagogik?

Mit einem Vorwort
von
Jörg W. Ziegenspeck
(Universität Lüneburg)

Verlag
edition erlebnispädagogik - Lüneburg
ISBN-3-89569-048-1

Inhaltsverzeichnis

0. Vorwort

Nicht selten drohen bei akademischen Lehrveranstaltungen praktische Bezüge abhanden zu kommen. Das liegt einerseits an der zentralen Aufgabe, denen man sich im studiengangsspezifischen Kontext als Dozent verpflichtet weiß (wissenschaftliche Theorien bilden den Hintergrund von Lehre und Forschung), das kann aber auch in der "lupenreinen" Ausbildung von Hochschullehrern verankert sein (nach dem Abitur lassen das Studium mit anspruchsvoller Promotion und Habilitation kaum Spielräume für 'Ausflüge' in die Praxis). So wird geteilt, was zusammengehört: Studium und Referendariat, Hochschule und Leben, Theorie und Praxis, Lehrende und Lernende. Brücken entdeckt man selten.

Unter einem umfassenderen Blickwinkel freilich dürfte das jeweilige Berufsfeld, auf das auch im Studium hinorientiert werden muss, nicht außer acht geraten. Im Gegenteil: Gerade den Erfordernissen der Praxis - beim Lehramtsstudium also denjenigen der Schule, des Unterrichtes und der 'Welt der Kinder' - muss zentrale Aufmerksamkeit gewidmet werden. Wissenschaft steht im Dienste einer bedeutsamen Aufgabe und eines klaren Ziels: Kindern und Jugendlichen Entwicklungs-, Lern- und Orientierungshilfe zu geben, ihnen also auf dem Weg zur kritischen Urteils- und zur eigenen Entscheidungsfähigkeit, letztlich zur Mündigkeit in einer sich rasch und global verändernden Welt konkrete Hilfestellung und angemessene Flankierung zu geben.

Um so mehr freut es mich, auf ein Buch hinweisen zu dürfen, das im Projektzusammenhang der Lehrerbildung entstand, und seinen Ursprung in der Praxis hat. Im Titel kommt die Programmatik zutage: einerseits werden 'Natur' und 'Schule' aufeinander bezogen, andererseits handelt es sich um ein Plädoyer für eine ergänzende erzieherische Sichtweise, in der die Erlebnispädagogik ihre notwendige und wesentliche ökologische Ergänzung erfährt. Dass eine solche Zusammenführung und Erweiterung behutsam erfolgen muss und auch Gefahren in sich birgt, wird vom Autor gesehen und durch das Fragezeichen sichtbar gemacht.

Frank Corleis ist doppelt qualifiziert, weil er sowohl ein Forststudium (in Göttingen) als auch ein Pädagogikstudium (in Lüneburg) erfolgreich absolvierte; zudem konnte der Autor in der Praxis vielfältige Erfahrungen sammeln, die in seine Überlegungen - wie man rasch merken wird - kontinuierlich einflossen. In dem Begriff 'Naturerlebnispädagogik' also, der in diesem Buch als Methode der Umweltpädagogik begründet wird, behält die Erlebnispädagogik zwar ihre tragfähige Bedeutung bei, wird allerdings um ein wichtiges erzieherisches Aufgabenfeld, nämlich die Natur, ergänzt.

Als 'Vater der modernen Erlebnispädagogik' bin ich hocherfreut, wenn junge Menschen auf der eigenen Grundlegung aufbauen, die ursprünglichen Ideen mit Augenmaß einbeziehen, ergänzen und erweitern. Ökologische Sichtweisen dürften das Verantwortungsspektrum erweitern, das wir haben und für die kommenden Generationen verantwortlich wahrnehmen müssen. In diesem Sinne ergänzt das Buch von Frank Corleis mit der innovativen Akzentuierung einer "Naturerlebnispädagogik" die Lüneburger Bemühungen der letzten zwanzig Jahre.

Lüneburg, im Herbst 2000

Jörg W. Ziegenspeck
(Universität Lüneburg)

1. Einleitung

„In der Schule soll doch gelernt werden! Warum geht mein Kind während des Unterrichts in den Wald, um dort zu spielen?" fragte mich eine besorgte Mutter nach der Schule, als ich dort an einem Vormittag zu Gast war. Ich konnte damals nur antworten, dass wir den ganzen Tag im Wald gespielt, geforscht, gemalt und Erlebnisse ausgetauscht hatten. Mit dieser Auskunft war die Mutter nicht zufrieden, schließlich bestätigte sich ihre Befürchtung.

Das Gespräch ereignete sich 1994, als ich für eine Grundschulklasse aus Barsbüttel (bei Hamburg) Umweltbildung zum Thema „Wald" angeboten hatte. Die Befürchtung der Mutter, dass mit Spielen im Wald nicht gelernt werden könne, konnte ich damals nicht widerlegen, und sie hat mich bis heute beschäftigt. Dieses hat schließlich dazu geführt, dass ich mich in diesem Buch ausführlich mit „Naturerleben" auseinandersetzen werde.

In dem vorliegenden Buch sollen unterschiedliche Konzepte der Umweltbildung vorgestellt und daraufhin untersucht werden, inwieweit sie Naturerleben didaktisch mit einbeziehen. Der Begriff *„Naturerlebnispädagogik"* soll hergeleitet werden, indem mögliche pädagogische Merkmale und Aspekte von Naturerleben herausgefunden werden. Außerdem sollen Möglichkeiten innerhalb und außerhalb von Schule aufgezeigt werden, wie Naturerlebnispädagogik als ein Bestandteil von Umweltbildung umgesetzt werden kann. Dieses wird unter dem Gesichtspunkt der Lokalen Agenda 21 diskutiert.

Im **Kapitel 2** wird vorgestellt, wie sich Umweltbildung in den letzten 30 Jahren innerhalb und außerhalb von Schule entwickelt hat. Dabei werden die inhaltlichen Veränderungen untersucht und dargestellt.

In ausgewählten Umweltbildungskonzepten wird im **Kapitel 3** deren didaktische Einbindung von Naturerleben überprüft und diskutiert. Zuvor stelle ich jedoch unterschiedliche theoretische Ansätze zur Umweltbildung vor.

Im **Kapitel 4** beschäftigt sich das Buch mit der „Pädagogik von Naturerleben". Hier soll die pädagogische Wirkung und Bedeutung von Naturerleben anhand der Aspekte „Lernen", „Spielen" und „Erleben" betrachtet werden.

Die Verwendung des Begriffes *„Naturerlebnispädagogik"* dient dabei als Hypothese und soll vor dem Hintergrund pädagogischer und didaktischer Modelle überprüft werden. Diese Untersuchung ist vom Ansatz her neu, so dass mit den vorliegenden Ergebnissen die weitere didaktische Diskussion über die Umsetzung von Naturerleben im Rahmen von nachhaltiger Bildung im Bezug auf Umweltbildung angeregt werden soll.

In **Kapitel 5** erfolgt eine Gegenüberstellung von *Naturerlebnispädagogik* mit den schulischen Möglichkeiten für die erste bis zur zehnten Klasse. Dazu werden exemplarisch in den Rahmenrichtlinien des Landes Niedersachsen inhaltliche Möglichkeiten für *Naturerlebnispädagogik* untersucht. Zum anderen beschäftige ich mich damit, für welches Schüleralter *Naturerlebnispädagogik* unter entwicklungspsychologischen Aspekten geeignet ist.

In **Kapitel 6** werden praktische Beispiele zur Umsetzung von Naturerlebnispädagogik genannt. Dabei geht es exemplarisch um die Verknüpfung von Schule und außerschulischer Umweltbildung im Sinne einer Naturerlebnispädagogik anhand des konkreten Beispiels „Projekt Wald" dargestellt. Dabei beziehe ich mich auf Anwendungen in den Klassen 5 und 6 (Orientierungsstufe) im Lande Niedersachsen. Diese Auswahl soll dazu dienen, praktische Möglichkeiten und eine der Idealvorstellung entsprechende Zusammenarbeit von Schule mit außerschulischen Partnern aufzuzeigen.

In **Kapitel 7** soll ein Blick auf die heutige bildungsdidaktische Forderung nach der didaktischen Integration des Computers in der Schule gerichtet werden. Dabei sollen Chancen und Risiken von Erlebnissen in einer „virtuellen Welt" aus konstruktivistischer Sicht im Sinne von Umweltbildung diskutiert werden.

Diskussion und abschließender Ausblick im **Kapitel 8** dienen dazu, pädagogische und politische Forderungen für die Zukunft der schulischen Umweltbildung als das Zusammenwirken von Schule und außerschulischen Partnern zu formulieren.

Als ein Ergebnis dieser Arbeit gebe ich als Fortsetzung der „Anekdote" vom Beginn der Einleitung wieder: Heute würde ich der besorgten Mutter selbstbewußt sagen: *„Ich habe mit meinem außerschulischen Beitrag die Umweltbildung ihres Kindes in der Schule ergänzt. Ihr Kind konnte heute morgen den Wald erleben und hat dabei (natürlich) gelernt!"*

In diesem Buch stelle ich eine sehr vielseitige Betrachtung an. Dadurch werden sehr vielfältige Themenbearbeitungen und somit sehr zahlreiche Aspekte aufgegriffen. Mit den verschiedenen Perspektiven werden politische, gesellschaftliche, pädagogische und psychologische Sichtweisen berücksichtigt. Die gebotene Vielfalt verlangt zwar eine große Aufmerksamkeit vom Leser, stellt aber zugleich die Chance dar, unter mehreren Perspektiven und somit „ganzheitlich" Naturerleben innerhalb und außerhalb von Schule zu reflektieren. Zum anderen versteht sich das vorliegende Buch auch als Studienbuch – und somit als Lektüre zum umfassenden Einstieg in einzelnen Teilbereichen. Um den Lesern eine bessere Orientierung zu verschaffen und außerdem eventuelle Unklarheiten oder Missverständnisse zu ersparen, sei folgendes zum Abschluss der Einleitung angemerkt:

> ➢ Bedeutende Ergebnisse, Thesen und Zusammenfassungen in den Kapiteln sind zur Verdeutlichung durch Umrahmung und Schattierung hervorgehoben.

- Die Verwendung der Begriffe „Schule" und „Unterricht" bezieht sich nicht auf bestimmte Schulstufen oder Unterrichtsformen, sondern versteht sich institutionell.
- Das Buch richtet sich nach der neuen Rechtschreibung. Bei Zitaten älteren Datums kann es vorkommen, dass noch die alte Rechtschreibregelung angewendet wird.
- Bei der Verwendung von maskulinen Begriffen wie „Lehrer", „Umweltpädagoge", usw. schließe ich das feminine Geschlecht in dieser Arbeit gleichermaßen ein, ohne es explizit zu kennzeichnen. Ich beabsichtige damit keine geschlechtliche Differenzierung, sondern ausschließlich eine bessere Lesbarkeit der Arbeit.

Danksagung und Widmung

Ich möchte an dieser Stelle den Dank für die vielfältigen Anmerkungen, Ergänzungen und Korrekturen allen an diesem Buch Beteiligten aussprechen. Die anregenden fachlichen und konstruktiven Diskussionen mit Kolleginnen und Freunden empfand ich stets als Bereicherung und habe diese gerne unter dem Zeichen der Themenstellung des vorliegenden Buchtitels aufgenommen. Für sie stellvertretend sei Matthias Quistorf (Hanstedt) genannt. Widmen möchte ich dieses Buch meinen Eltern, die mir in meinem Werdegang stets unterstützend und gewährend zur Seite standen.

Lüneburg im Oktober 2000 **Frank Corleis**

2. Entwicklung der Umweltbildung

Aufgabe der Erziehung ist es, der nachwachsenden Generation die in der Gesellschaft vorhandenen und für ihren Bestand und ihre Entwicklung als wichtig angesehenen Fähigkeiten, Fertigkeiten und Einstellungen zu vermitteln. Das Ziel ist eine von „emanzipierten und mündigen Bürgern gebildete Gesellschaft". Es wird auch als „Bildung" bezeichnet. Bildung stellt dabei eine fortlaufende Aufgabe dar, die einen Persönlichkeitszustand bezeichnet, der den Einzelnen befähigt, sein Handeln auf Einsicht und Sachkompetenz zu gründen und es kritisch-prüfend unter dem Prinzip der Selbstbestimmung zu verantworten.[1] Da sich Bildung an der Gesellschaft orientiert, verändern sich mit dem gesellschaftlichen Wandel auch ihre Inhalte und Ziele (Definition von „Bildungszielen" siehe Kapitel 4.1.). Somit hat sich auch Umweltbildung in der Vergangenheit inhaltlich fortlaufend verändert. Im Vorfelde muss herausgestellt werden, warum sowohl die Begriffe „Umwelterziehung" als auch „Umweltbildung" in dieser Arbeit verwendet werden und woran sie sich unterscheiden.

Die Gedanken zu einer Umwelterziehung haben sich in der Vergangenheit zur Umweltbildung manifestiert. Diese begriffliche Wandlung (Erziehung ⟺ Bildung) zeigt bereits Tendenzen zur inhaltlichen Veränderung. Sie ist aus gesellschaftspolitischen Strömungen entstanden. Mittlerweile ist Umwelt*bildung* im Bildungssystem etabliert. Durch diese Wandlung ist es erforderlich, beide Begriffe parallel nebeneinander zu verwenden. Unterschiedliche Konzepte zur Umweltbildungsarbeit haben sich als Ergebnis dieser Entwicklung herauskristallisiert. Für ein Verständnis der unterschiedlichen Ansätze und Konzepte zur Umweltbildungsarbeit ist es daher erforderlich, die Entwicklung von Umweltbildung aufzuzeigen. Im folgenden Kapitel werde ich drei Ereignisse der Entwicklung vorstellen:

1. Entwicklung der Umweltbildungspolitik durch bedeutende politische Entscheidungen
2. Entwicklung von Umweltbildung innerhalb von Schule
3. Entwicklung von Umweltbildung außerhalb von Schule

Die Darstellung versteht sich als eine grobe Übersicht. Sie erhebt dabei keinen Anspruch auf Vollständigkeit.

---

[1] Vgl. Kaiser, A. und Kaiser, R. (1992); Lenzen (1998)

2.1. Umweltbildungspolitik

Zum Ende der 70er Jahre wurden zum ersten Mal in der Vergangenheit Anzeichen der Umweltzerstörung von Politik und Gesellschaft wahrgenommen. Als Folge dieser „ersten Wahrnehmung“ von Umweltzerstörung bildete sich eine „ökologische Bewegung“, die „Zukunftsdiskussionen“ führte.[2] Aus der Erkenntnis heraus, dass die Menschen ihre eigenen Lebensgrundlagen zerstört haben, entstand die Forderung nach Umweltschutz.
Diese Diskussion begann mit dem Bericht des Club of Rome, der 1972 auf die „Grenzen des Wachstums“ hingewiesen hat. Dadurch wurde internationale Aufmerksamkeit erregt, da er als wissenschaftlicher Bericht das bisherige Wirtschaftswachstum sehr kritisch unter dem Aspekt der Rohstoffverknappung betrachtete.[3] Dadurch wurden die politischen Parteien mit den Tatsachen der Umweltzerstörung konfrontiert und mussten sich damit beschäftigen. Die Partei „Die Grünen“ wurde in dieser Zeit (1979) gegründet. Sie hat maßgeblich daran mitgewirkt, im Rahmen ihrer politischen Arbeit auf die Probleme der Umweltzerstörung hinzuweisen. Greenpeace wurde 1980 gegründet und gab als NGO (= non government organization) wichtige Impulse zur Bewusstseinsbildung gegenüber den Umweltproblemen.
Im Verlauf der „ökologischen Bewegung“ kam es auch zur politischen Forderung nach anderen gesellschaftlichen Bildungsinhalten. Man wollte Umweltschutz in das Bildungssystem integrieren. Schule sollte zur ökologischen Bewusstseinserziehung genutzt werden. Mit dieser „Erziehung zum Umweltschutz“ sollte ein Bewusstsein gegenüber umweltschädlicher Produktion der Industrie und Wirtschaft erreicht werden. Dieses war die Geburtsstunde einer „Umwelterziehung“.
In der Diskussion der Umwelterziehung ging es vorerst um zwei Ziele: Zum einen sollte mit der Umwelterziehung ein Umweltbewusstsein geschaffen, zum anderen eine ökologische Handlungskompetenz erreicht werden. Getragen wurde dieser Ansatz zur Umwelterziehung von der Annahme, dass durch Erziehungsprozesse jeder Einzelne in die Lage

---

[2] Kleber, E.W. (1993), S. 41

[3] Vgl. van Dieren, W. (1995): Der Club of Rome wurde 1968 von sechs Persönlichkeiten der westeuropäischen Länder in Rom gegründet. Seine Mitglieder aus Industrie, Naturwissenschaft, Soziologie, und vielen anderen Fachbereichen waren der Überzeugung, dass die Regierungen der Umweltbedrohung nur unzureichend Aufmerksamkeit widmeten, und dass es daher erforderlich sei, dass unabhängige Menschen verschiedener Herkunft und Denkweisen die Weltsituation untersuchen und ihre Schlußfolgerungen den Politikern und Bürgern zugänglich zu machen. Die Berichte 1972 und 1995 entstanden als Zusammenfassung der Ergebnisse des Club of Rome.

versetzt wird, in verantwortungsvoller Weise am Erkennen und Lösen von Umweltproblemen und an der Gestaltung von Umwelt teilzuhaben. Damit wurde der Umwelterziehung die Aufgabe zugewiesen, einen wesentlichen Beitrag zur Lösung der vorherrschenden Umweltkrise zu leisten. Da die Probleme der Umweltzerstörung international von so großer Bedeutung waren, fand 1977 in Tiflis (UdSSR) die erste Weltkonferenz der UNESCO[4] zur Umwelterziehung statt. Bereits 1972 war eine UNESCO - Konferenz zur „Umwelt des Menschen“ (Man and the Biosphere = *MAB*) in Stockholm zum weltweiten Bewusstseinswandel auf dem Gebiet des Umweltschutzes einberufen worden. Diese gilt als Vorläufer der Tiflis-Konferenz. Auf der Konferenz in Tiflis wurde dann das „Umwelterziehungsprogramm der UNESCO“ verkündet, und es wurden Strategien seiner weltweiten Durchsetzung erarbeitet.

1980 trafen sich die für Bildung zuständigen Kultusminister, um das Umwelterziehungsprogramm der UNESCO zu interpretieren. In der Kultusministerkonferenz (KMK) zum Thema „Umwelt und Unterricht“ sollten die politischen Forderungen auf den Bildungsauftrag der Schule übertragen werden. Der Beschluss dieser Konferenz sprach sich dazu für eine Aufnahme von Umwelterziehung in die Lernpläne aller Schulen aus. Umwelterziehung sollte so ein anerkannter Lern- und Studienbereich in allen Ebenen des Bildungswesens werden. Sie wurde jedoch nicht als eigenes Fachgebiet gesehen, sondern sollte integraler Bestandteil der Unterrichtsfächer werden. Zu bedenken ist, dass dieser Beschluß lediglich eine Empfehlung aussprach. Die Verbindlichkeit der Umsetzung wurde somit nicht eindeutig vorgeschrieben.[5] „Theoretisch“ ist Umwelterziehung jedoch durch die KMK 1980 ein fester Bestandteil des schulischen Bildungsauftrages in Deutschland geworden.

Entstehung von Umwelterziehung

Umwelterziehung entstand aus der Konfrontation der administrativen Umweltpolitik zum Ende der 70er Jahre mit den Umweltproblemen. Sie war anfänglich auf das Herausbilden von „Umweltbewusstsein“ und „ökologischer Handlungskompetenz“ angelegt und sollte einen wesentlichen Beitrag zur Lösung der Umweltkrise leisten.[6]

[4] UNESCO = United Nations Educational Scientific and Cultural Organization
[5] Kleber, E.W. (1993), S. 46

In den achtziger und neunziger Jahren fand innerhalb von Schule eine „didaktische Diskussion" statt, ob und wie Umweltbewusstsein und ökologische Handlungskompetenz erreicht werden können. Dabei wurde die bildungspolitische Forderung nach „Anerziehung" der Ziele von Umwelterziehung im „gewöhnlichen" schulischen Unterricht in Frage gestellt. Im Verlauf der Diskussion wurde deutlich, dass für Umwelterziehung neue didaktische Konzepte erstellt werden müssen.[7] Die ersten Konzepte zur schulischen Umwelterziehung stammen aus dieser Zeit und greifen den Versuch einer ersten didaktischen Konkretisierung auf. Sie verstehen sich dabei als Vorschläge für die praktische Umsetzung von Umwelterziehung in der Schule.

Eine neue Epoche der politischen Entwicklung von Umwelterziehung beginnt erst in diesem Jahrzehnt. Bis dahin haben keine wesentlichen Veränderungen stattgefunden. 1992 gab es in Rio de Janeiro (Brasilien) die Welt-Umweltkonferenz der Vereinten Nationen über Umwelt und Entwicklung. Dabei wurde von 179 Staaten der Erde die Agenda 21 verabschiedet. Mit diesem Dokument haben sich die unterzeichnenden Staaten auf das Leitbild einer nachhaltigen[8], umweltgerechten Gestaltung ihrer Gesamtpolitik verpflichtet. Die Agenda 21 bezieht sich auch auf Belange der Umweltbildung. So betrifft das Kapitel 36 der Agenda 21 konkret die Ziele von Umweltbildung. Denn auch „Bildung" sollte auf eine nachhaltige Entwicklung ausgerichtet werden. Zum Thema „Umweltbildung" führt das Kapitel 36 aus:

> *„...Eine umwelt- und entwicklungsorientierte Bildung und Erziehung soll sich sowohl mit der Dynamik der physikalischen/biologischen und der sozioökonomischen Umwelt als auch mit der menschlichen Entwicklung auseinandersetzen und alle relevanten Fachdisziplinen einbinden sowie formale, nonformale Methoden und wirksame Kommunikationsmittel einsetzen".* [9]

Damit wird die Agenda 21 sowohl Leitbild als auch Basis für die zukünftige Umweltbildungsentwicklung. Was sie jedoch konkret für die inhaltlichen Ziele der Umweltbildungsarbeit und deren Umsetzung bedeutet, bleibt vorerst unklar. Die Agenda fordert schließlich nur die *Ausrichtung der Umweltbildung auf Nachhaltigkeit.* Dieses ist sehr abstrakt formuliert und bietet bis heute für die Praxis der Umweltbildung wenig Anhaltspunkte.

---

[6] Vgl. Bölts, H. (1995), S. 1 ff.
[7] Bolscho, D. und Seybold, Hj. (1996), S. 82
[8] Der Begriff "Nachhaltigkeit" stammt aus unterschiedlichen Bereichen der Wirtschaft. So nutzt z.B. nachhaltige Forstwirtschaft nur die Menge an Holz, welche anderweitig auch wirklich nachgewachsen ist. Somit kann die Ressource "Holz" auf Dauer (nachhaltig) genutzt werden.

Mit dem Ziel der Konkretisierung der Umsetzung der Agenda 21 sind deshalb immer wieder Konferenzen einberufen worden. Das Umweltgutachten des Rates von Sachverständigen für Umweltfragen (SRU) hat 1994 auf nationaler Ebene für die Umweltbildung deutliche Zielvorgaben formuliert. So stellt das Gutachten die Notwendigkeit einer Gesamtvernetzung der kulturellen Bedürfnisse und Absichten mit der Natur fest. Grundlage ist die Annahme, dass „nur ein vernetztes ökologisches Verständnis zum aktiven ökologischen Handeln führen kann"[10]. Als (eigentliche) Besonderheit wurde in dem Gutachten herausgestellt, dass Bewusstsein nicht ausschließlich ökologische sondern auch soziale und individuelle Komponenten beinhalten müsse. Es wurde die These aufgestellt, dass Nachhaltigkeit dauerhaft nur dann erreichbar sei, wenn das Recht auf gleiche Lebenschancen für alle Menschen dieser Erde dauerhaft gesichert werde.[11]

Diese Vernetzung von „Umweltverträglichkeit", „Sozialverträglichkeit" und „Individualverträglichkeit" wird auch als *„Retinität"*[12] *bezeichnet.* Retinität ist eine „Durchführungsbestimmung" für die Umsetzung der Agenda 21. Seit 1992 findet eine fortlaufende Diskussion um eine Entwicklung der Umweltbildung im Sinne der Agenda 21 statt. Heute werden die vorhandenen Umweltbildungskonzepte evaluiert und im Sinne einer nachhaltigen Bildung weiterentwickelt.

Eine Zusammenfassung der Umweltbildung seit Anfang der 70er Jahre im Hinblick auf deren politischen Entwicklung hat Michelsen vorgenommen. Er fasst diese in drei Phasen zusammen: [13]

---

[9]Vgl. Bundesumweltministerium, S. 261 ff., Bonn, 1997
[10] Vgl. Michelsen, G. in: Beyersdorf, M./Michelsen, G./Siebert, H. (1998), S. 48 ff.
[11] vgl. Kleber, E.W. (1993)
[12] Retinität stammt von „rete" = das Netz. Es bedeutet begrifflich die „Vernetzung" von unterschiedlichen Aspekten zur neuen Sinngebung. Neben dem Begriff „Nachhaltigkeit" ist "Retinität" zum Leitwort der Agenda 21 geworden.
[13] Vgl. Michelsen, G. in: Beyersdorf, M./Michelsen, G./Siebert, H. (1998)

Phasen der Umweltbildungspolitik (nach Michelsen):
• Im ersten Jahrzehnt standen vor allem politische Erklärungen zur Umwelterziehung in Verbindung mit Umweltpolitik im Vordergrund. Diese Phase kann auch als ***„programmatische Phase"*** der Umweltbildung bezeichnet werden.
• Im Zeitraum der 80er bis Anfang der 90er Jahre war die praktische Umsetzung der Umweltbildung für die Entwicklung prägend. Gleichzeitig wurden aus einer Kritik an der Bildungspolitik heraus verschiedene Konzepte zur Umweltbildungsarbeit entwickelt. Michelsen fasst dieses unter dem Stichwort *der* ***„pragmatischen Phase"*** der Umweltbildung zusammen.
• In der dritten Phase geht es um die Forderung von Nachhaltigkeit im Sinne der Agenda 21. In der heutigen Zeit wird in einer ***„reflexiven und zukunftsorientierten Phase"*** die gezielte Weiterentwicklung der Umweltbildung verfolgt.

2.2. Schulische und außerschulische Umweltbildung

2.2.1. Umweltbildung in der Schule

Die bildungspolitischen Forderungen der letzten 30 Jahre haben dazu geführt, dass Umweltbildung heute im schulischen Unterricht durchgeführt wird. Dabei sollen in allen Fächern Themen des Umweltschutzes aufgegriffen werden. [14]

Es muss jedoch gefragt werden, *in welchem Umfang* diese Themen aufgegriffen worden sind und *inwieweit die Ziele von Umweltbildung damit erreicht werden können*. Ein Blick auf die schulischen curricularen Inhalte in Bezug auf Umwelterziehung soll diese Frage klären. Nach der Kultusministerkonferenz 1980 kam es bereits 1982 zur Änderung der Rahmenrichtlinien und Lehrpläne von den Ländern. Umwelterziehung wurde zwar im allgemeinen Teil der Lehrpläne gefordert und als fächerübergreifendes Ziel formuliert, in den einzelnen Fächern wurde dieses aber kaum thematisch berücksichtigt. So weisen nur wenige inhaltliche Empfehlungen der Fächer eine Verbindung zur Umwelterziehung auf.

Kleber weist als Erklärung dieses Mangels darauf hin, dass die Offenheit und Unbestimmtheit der damaligen bildungspolitischen Beschlüsse bis heute dazu geführt hat, dass Umwelterziehung in den Lehrplänen eher mit Zurückhaltung realisiert wurde, als dass sie konkret verankert werden konnte. [15]

Inhalte schulischer Umweltbildung:

Das Institut für Pädagogische Naturwissenschaften (IPN) in Kiel hat Befragungen an Schulen durchgeführt, mit denen deren bisher realisierte Umwelterziehung untersucht und näher analysiert werden konnte. Die empirischen Untersuchungen des IPN von 1985 und 1991 gaben Aufschluss über die genaue inhaltliche Entwicklung der Umweltbildung in dieser Zeit.[16]:

1985: Schulische Umweltbildung hat ihren Kernbereich in den naturwissenschaftlichen Fächern Biologie, Erdkunde, Chemie und Physik. Der Anteil der Unterrichtsverteilung für umweltrelevante Themen lag 1985 im Mittel aller Fächer bei ungefähr 10-15% des gesamten Unterrichtsinhaltes.

1991: Die Verteilung hat sich zwischen 1985 und 1991 zugunsten nicht naturwissenschaftlicher Fächer verschoben. So sind dieses vor allem der Deutschunterricht, sowie die Fächer Englisch, Sport und Mathematik. Von einer rein naturwissenschaftlichen Orientierung der Umweltbildung kann also ab 1991 nicht mehr gesprochen werden. Wie die Abbildung 1 zeigt, wird Umweltbildung zunehmend auch unter dem fächerübergreifenden Aspekt behandelt. So werden die Themen zum Beispiel innerhalb einer Projektwoche angeboten und müssen dann fächerübergreifend bearbeitet werden.

---

[14] vgl. Kleber, E.W (1993)

[15] ebd. S. 48

[16] Das IPN arbeitet als Institut für Pädagogik der Naturwissenschaften überregional und gesamtstaatlich. Es soll durch seine Forschungen die Pädagogik der Naturwissenschaften weiterentwickeln und fördern. Die in dieser Arbeit verwendetete Studie des IPN wurde von Bolscho, D. und Seybold, Hj. (1996) und von Euelefeld, G. et.al. (1993) veröffentlicht. Darin sind über alle Klassen- und Schulstufen unwillkürlich verteilt Befragungen an unterschiedlichen Schulen in Deutschland durchgeführt worden. Der Umfang der Stichprobe lag 1985 bei 60 und 1991 bei 131 befragten Schulen.

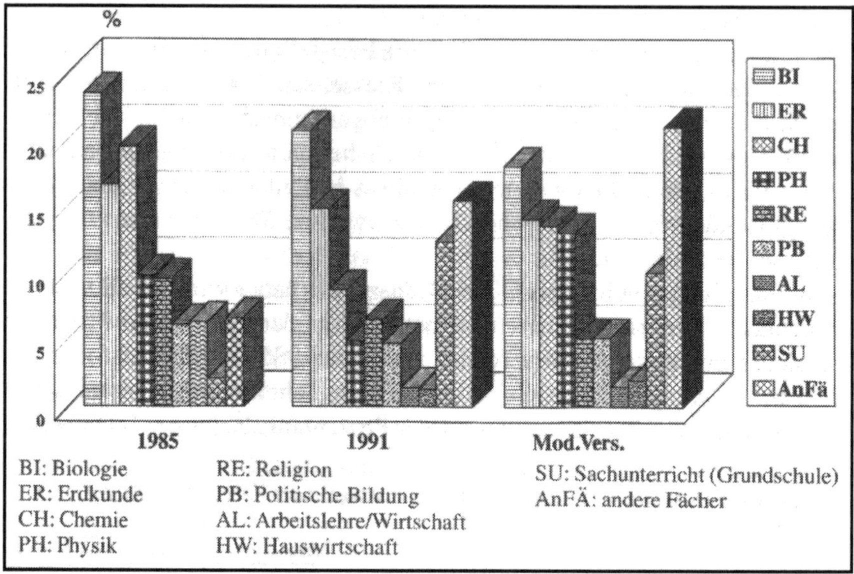

Abbildung 1: Schulische Umweltbildung in den Fächern

Die Studie von Bolscho und Seybold hat unter anderem die Anzahl der unterrichteten Themen im Bereich der Umwelterziehung festgestellt. Über alle Alters- und Schulstufen verteilt wurde in Deutschland jeweils1985 und 1991 an 131 zufällig ausgewählten Schulen folgendes Ergebnis ermittelt:[17]

Die Anzahl der unterrichteten umweltrelevanten Themen hat sich zwischen 1985 und 1991 nicht entscheidend verändert. Sie hat sogar geringfügig abgenommen (1985: 1,3 Themen und 1991: 1,2 Themen pro Klasse und Schuljahr)[18].

Die Studie gab jedoch keine Auskunft über den zeitlichen Rahmen der Bearbeitung von umweltrelevanten Themen. Dadurch lässt sich keine genaue Aussage über die Bedeutung von Umweltbildung im schulischen Unterricht treffen.

---

[17] Vgl. Bolscho, D. und Seybold Hj. (1996)

2.2.2. Umweltbildung außerhalb von Schule

Umweltbildung findet jedoch nicht nur im Rahmen von Schule statt. Auch die sogenannten „außerschulischen Einrichtungen“ bieten Umweltbildung an. Es existiert derzeit ein sehr großes Angebot, das von Akademien, Kirchen, Volkshochschulen, Umweltzentren bis hin zu Naturschutzverbänden und Umweltgruppen organisiert wird.

Ein genauer Überblick über die Formen und Inhalte der außerschulischen Umweltbildung ist schwer zu erhalten, da sehr viele Einrichtungen nicht organisiert und somit nur ungenau zu erfassen sind. Lediglich die Zahl der in der ANU[19] organisierten Umweltzentren ist bekannt. In Deutschland gibt es zur Zeit 479 Umweltzentren, die Umweltbildungsangebote für ganz unterschiedliche Zielgruppen bereithalten.[20] Die Entwicklung der Anzahl von Zentren wird in der Tabelle 1 verdeutlicht.

Zeitraum	Bayern	Baden Württemberg	Berlin	Brandenburg	Hamburg	Hessen	M.V.P.	Niedersachsen.	N.R.W.	Rheinland Pfalz	Sachsen	Sachsen-Anhalt	Schleswig-Holstein	Thüringen	**Summe:**
Vor 1972	2		3				3	2	4		2		1		**15**
1972-76	2	2	1			2			1		1		7		**16**
1977-81	2	2		1		2	1	9	6			1	2		**26**
1982-86	6	10	2	1	4	1	1	6	20	2			5	1	**59**
1987-91	17	12	3	25	2	6	3	18	23	3	16	11	13	6	**158**
1992-96	8	6	1	19		3	7	17	22	3	19	11	9	1	**126**
Summe	**37**	**32**	**10**	**46**	**6**	**14**	**15**	**52**	**76**	**8**	**38**	**23**	**37**	**8**	**479**

Tabelle 1: Entwicklung der Umweltbildungszentren in Deutschland bis 1996

[18] ebd. S. 116
[19] In der Arbeitsgemeinschaft für Natur- und Umweltbildung (ANU) sind die meisten der Umweltbildungseinrichtungen organisiert. Sie ist also das Sprachrohr für die außerschulische Umweltbildung in Deutschland.
[20] Die 479 Zentren wurden 1996 ermittelt, vgl. Kochanek et.al. (1996).

Aus der Tabelle 1 geht hervor, dass bis zum Jahr 1986 nur wenige Einrichtungen gegründet wurden. Erst in den Jahren 1987 bis 1991 kam es zum sprunghaften Anstieg der Umweltzentren in Deutschland. So wurden in nur fünf Jahren 158 Zentren gegründet. Danach stieg die Zahl weiter an. Mit durchschnittlich 25 neu gegründeten Zentren im Jahr ist der Trend jedoch bis 1996 leicht zurückgegangen. Weiterhin fällt bei einer Betrachtung auf, dass die Zentren nicht gleichmäßig in den Ländern verteilt sind. So sind in Nordrhein-Westfalen neben Niedersachsen und Brandenburg die meisten Einrichtungen vorhanden. Eine Besetzung der Einrichtungen mit Personal erfolgt vor allem mit abgeordneten Lehrerstellen. Die Lehrer der umliegenden Schulen werden für die Betreuung dabei mit einigen Stunden ihrer Lehrertätigkeit freigestellt. Zum anderen arbeiten Mitarbeiter, die aus ABM-Mitteln oder als Honorarkräfte bezahlt werden, in den Einrichtungen.

Die größeren Umweltschutzverbände beteiligen sich mittlerweile auch an der Umweltbildung. Vor allem die Bildungsaktivitäten von WWF, Greenpeace, NABU, BUND, Schutzgemeinschaft Deutscher Wald und nicht zuletzt auch von den Landesjagdverbänden mit deren „Lernort Natur“[21] sind bereits größtenteils satzungsgemäß verankert.
Auch in den Tätigkeitsfeldern einiger Berufe ist Umweltbildung verankert. So ist „Waldpädagogik“[22] ein fester Aufgabenbereich der Forstverwaltungen geworden. Neben der normalen Öffentlichkeitsarbeit im Wald als Dienstaufgabe der Förster sind sogenannte „Funktionsbeamte“ in Jugendwaldheimen und vor allem in Ballungsräumen abgestellt, um Waldpädagogik anbieten zu können.[23] Auch einige Kommunen und andere behördliche Einrichtungen engagieren sich in der Umweltbildung. So wurde zum Beispiel in Aachen 1980 eine erste Umweltbildungsstelle fest eingerichtet.[24] Andere Kommunen sind dem Beispiel gefolgt und haben ähnliche Projekte initiiert. Genaue Zahlen dieser Entwicklung liegen jedoch nicht vor.

---

[21] “Lernort Natur” wurde 1990 von der Arbeitsgemeinschaft Jagd und Schule als festes Programm in die Aufgaben der Landesjagdverbände aufgenommen. Dazu wurden ebenfalls Arbeits- und Lernmaterialien entwickelt.

[22] Der Begriff “Waldpädagogik” wird seit den 80er Jahren verwendet. Er stellt kein eigenes pädagogisches Konzept der Umweltbildung dar, sondern vereint “waldbezogene Bildungsarbeit” und “forstliche Öffentlichkeitsarbeit” miteinander.

[23] In Jugendwaldheimen wird Schulklassen ein bis zwei Wochen neben praktischen Pflegemaßnahmen im Wald Umweltbildung angeboten. Organisiert werden die Heime von den Forstverwaltungen. “Funktionsbeamte” werden von den Verwaltungen ausschließlich für eine besondere Tätigkeit, so zum Beispiel Waldpädagogik, Naturschutz oder etwas Ähnliches, eingestellt.

In den letzten Jahren hat sich eine ökologische Bewusstseinsveränderung von Verbrauchern an Konsum- und Dienstleistungsgütern eingestellt. Dieser Trend führt zu einer Zunahme des Verbraucherinteresses an den Produktionsbetrieben und Produktionsabläufen. Es scheint, als möchten sich die Verbraucher selber davon überzeugen, wie ökologisch und umweltverträglich die Herstellung der Produkte wirklich ist. Die Produktionsbetriebe haben dieses Bedürfnis erkannt und bieten Informationen für die Öffentlichkeit an. Man könnte die Bedeutung dieser Aktivitäten auf die Bezeichnung „Öffentlichkeitsarbeit" reduzieren. Meiner Meinung nach entspricht diese, wenn auch an „public relations" orientierte Arbeit, jedoch ebenfalls den Zielen von Umweltbildung. Als ein Beispiel ist dabei der „Lernort Bauernhof"[25] zu nennen. Dabei öffnen Landwirte ihre Betriebe auf unterschiedliche Art und Weise. Sie veranstalten vor allem für Schulklassen und Familien Angebote, wie der „Tag des Hofes" und „Erlebnisveranstaltungen". Als eine neuere Entwicklung ist ein freiberufliches Engagement in der Umweltbildung zu beobachten. So verdienen sich mit der freiberuflichen Tätigkeit vor allem Personen aus naturwissenschaftlichen und pädagogischen Berufen ihren Unterhalt. Oft aus Mangel an einem klassischen Betätigungsfeld wächst das Angebot an freiberuflichen Dienstleistungen ständig an.

Inhalte der außerschulischen Umweltbildung:

Inhaltliche Schwerpunkte außerschulischer Umweltbildung liegen vorwiegend im naturkundlichen Themenbereich und in der „ganzheitlichen Naturerfahrung".[26] Neue Inhalte kommen durch public-relation von Firmen in Bereichen der Landwirtschaft, Ernährung, Müll und Abfallentsorgung hinzu. Oft entsprechen dabei die Inhalte den Qualifikationen und Fähigkeiten der Personen, die Umweltbildung betreiben: Ein Förster wird sich mit Waldpädagogik sehr stark auf die Themen des Waldes beziehen, wohingegen ein Biologe in seiner Themenwahl eher zoologisch oder botanisch geprägt sein wird. Eine Umfrage der ANU unter 479 Umweltzentren hat 1996 inhaltliche Schwerpunkte bei den Themen „Gewässer", „Pflanzen", „Wald", Landwirtschaft", „Boden", „sonstige Tiere", „Insekten", Verkehr" und „Klima" gezeigt[27]. Die inhaltliche Ausrichtung ist dabei je nach Zentrum sehr unterschiedlich.

---

[24] Ute Reifferscheidt ist seit 1980 feste Mitarbeiterin im Umweltamt der Stadt Aachen und führt praktische Umweltbildungsarbeit in Form von Waldpädagogik durch.

[25] "Lernort Bauernhof" wurde von der IMA (Informationsgemeinschaft der Bauern- und Genossenschaftsverbände e.V.) initiiert. Die Idee entsprach einer Öffnung der Bauernhöfe als Lernorte für Schulen und Familien zur Information und Imagepflege der Landwirtschaft. Das SCHUBZ Lüneburg beschäftigt z.B. für ihr Projekt Lernort Bauernhof eine Dipl.-AgrarIng. als ABM-Kraft, die zwischen Landwirtschaft und Schulen vermittelt.

[26] Vgl. Winkel, G., (1993) und (1995)

[27] vgl. Kochanek et. al., (1996)

Die Freiberufler in der Umweltbildungsarbeit orientieren sich inhaltlich vor allem an den besonderen Wünschen und Interessen der Kunden, da sie marktwirtschaftlich arbeiten müssen, um ihre Existenz zu sichern. Umweltbildung droht dann zum Animationsprogramm zu werden und sich immer mehr von inhaltlichen Details abzulösen. Zu den Veranstaltungen auf dem freien Bildungsmarkt gehören Angebote von der Gestaltung eines Kindergeburtstages bis hin zum Ausflug von Firmen. Kritisch angemerkt werden muss, dass marktwirtschaftlich bedingt die Gefahr besteht, Natur nur noch als Kulisse bei den „events“[28] zu nutzen.

Zusammenfassung der Entwicklung der Umwelterziehung

- Die ursprüngliche schulische Umwelterziehung hat sich zur gesamtgesellschaftlichen Umweltbildung entwickelt. Aus der bildungspolitischen Forderung nach Erziehung zu ökologischen Handlungskompetenzen in der Schule ist ein Selbstverständnis geworden, dass auch von außerschulischen Einrichtungen wahrgenommen wird. So wird außerschulische Umweltbildung von Umweltzentren, Naturschutzverbänden, Forstverwaltungen, Landwirten, Freiberuflern und Kommunen angeboten.
- Die inhaltlichen Schwerpunkte der Umweltbildung in der Schule liegen in den naturwissenschaftlichen Fächern. Zusätzlich gibt es ein Bemühen, Umwelterziehung fächerübergreifend zu bearbeiten. Der Anteil von umweltrelevanten Themen im Unterricht liegt heute bei ungefähr 10-12 Prozent.
- Das außerschulische Angebot an Umweltbildung ist sehr vielfältig. Es resultiert meistens aus den individuellen Voraussetzungen der Anbieter und spricht damit ganz unterschiedliche, auch gesellschaftspolitische Inhalte wie Verkehr, Abfall und Energie an.

---

[28] event (engl.) = Ereignis. Das Wort wird im Zusammenhag mit Umweltbildung zur Beschreibung eines besonderen Ausfluges in die Natur verwendet. Dabei handelt es sich nicht um normale Naturbegegnungen, sondern außergewöhnliche abenteuerliche Naturerfahrungen. Natur wird auf die Bedeutung reduziert, dass sie den Rahmen für freizeitliche Spannung, “thrill” und “action” bietet.

3.Theoretische Ansätze und Konzepte der Umweltbildung

Die Entwicklung von Umweltbildung in den letzten dreißig Jahren basierte auf unterschiedlichen theoretischen Ansätzen. Nachdem festgestellt wurde, dass der gewöhnliche Rahmen von Schule für eine Umsetzung von Umwelterziehung nicht geeignet war, wurde mit verschiedenen theoretischen Annahmen und Ansätzen eine didaktische Präzisierung versucht. Dieses wird auch als „didaktische Diskussion der Umweltbildung" bezeichnet.

Im weiteren Verlauf dieses Kapitels werden vorerst die theoretischen Ansätze der Umweltbildungsbewegung vorgestellt. Mit der Darstellung wird weder eine zeitliche Reihenfolge noch die Vollständigkeit angestrebt, vielmehr sollen damit unterschiedliche „geistige Strömungen" dargestellt und verdeutlicht werden.

3.1.Theoretische Ansätze zur Umweltbildung

Die theoretischen Ansätze haben unterschiedliche didaktische Zielvorstellungen, wie „Umweltbewusstsein" zu erreichen ist. Sie lassen sich daher auch nach diesem Aspekt inhaltlich unterscheiden.
Keiner der unterschiedlichen Ansätze ist dabei bislang empirisch auf seinen „didaktischen Erfolg" hin bestätigt worden. Man kann daher meiner Meinung nach auch nicht von *einem richtigen Ansatz* sprechen, sondern muss diese alle gemeinsam betrachten. Von unterschiedlichen Autoren wird an den einzelnen Ansätzen zur Umweltbildung kritisiert, dass sie von Annahmen ausgehen, die nicht empirisch belegbar seien.

Kahlert bezeichnet es als:

> „...*doppelte Selbstillusion*, dass behauptet wird, man wisse, *was* für Mensch und Gesellschaft gut sei und würde darüber hinaus wissen, *wie* dieses durch gezielte Beeinflussung anderer Menschen zu erreichen sei."[29]

Ich verstehe die Ansätze daher auch als „verschiedene Versuche", die Zielvorstellungen von Umweltbildung zu erreichen.

---

[29] Kahlert, J. (1990)

Michelsen und andere Autoren weisen darauf hin, dass eine erhebliche Diskrepanz zwischen Bewusstsein und dem tatsächlichen Verhalten besteht. So kann nach psychologischen Erkenntnissen nicht davon ausgegangen werden, dass ein ökologisches Bewusstsein auch automatisch zum ökologischen Verhalten führt. [30] Das Kriterium „Bewusstsein" als alleinige Zielvorstellung von Umweltbildung kann also nicht aufrecht erhalten werden. Es sollte vielmehr danach gefragt werden, wie ein ökologisches Bewusstsein zum aktiven Umwelthandeln führen kann. Somit stellt dieses auch einen wichtigen Aspekt bei den didaktischen Konzepten zur Umweltbildung (vgl. Kapitel 3.3.) dar.

Am Anfang wurde Umweltbildung als **Umwelterziehung** betrachtet. Zur Durchführung von Umwelterziehung wurde dabei der herkömmliche schulische Unterricht als die geeignete Möglichkeit angesehen. Die Bildungspolitik forderte zu dieser Zeit ausdrücklich eine Umwelt*erziehung* und richtete sich mit diesem Appell somit vorerst nur an Schulen.
Mit einer „Erziehung" wollte man im pädagogischen Prozess ökologisches Handlungsbewusstsein „anerziehen". Auf die Ursachen der Umweltzerstörung wurde dabei inhaltlich nicht eingegangen. Der Ansatz stellte daher nicht die bestehende Wirtschaftspolitik in Frage. Die Warnungen des Club of Rome`s, die dieser 1972 in seinem Bericht „Grenzen des Wachstums" ausgesprochen hat, konnten damit nicht berücksichtigt werden (vgl. Kapitel 2).
Andere theoretische Ansätze kritisierten gerade diese Annahme der Umwelterziehung, Umweltbewusstsein ließe sich im Rahmen herkömmlichen Unterrichtes erreichen. Die „Gegenbewegung zu diesem schulischen Verständnis von Umwelterziehung" sah Umweltbildung als Bildungs*prozess.* Dieser müsse sich aus dem herkömmlichen schulischen Feld loslösen und könne nur auf das Erziehungsziel hinwirken.[31] Außerdem wurde in der Gegenbewegung zur Umwelterziehung kritisiert, dass sich die negativen institutionellen Bedingungen der Schule auf den Erfolg der Umweltbildungsarbeit auswirken würden. Zum einen sei dieses die bisherige Methodik des schulischen Unterrichts und zum anderen die negative Wirkung der Benotung (Selektion). Beides würde das Lernen von „wirklich Neuem" unterbinden. Man müsse vielmehr neue didaktische Wege finden, um die Zielvorstellung von Umweltbildung umsetzen zu können. [32]

[30] Michelsen, G. in: Beyersdorf, M./Michelsen, G./Siebert, H. (1998)
[31] Vgl. de Haan, G. (1989)

Die Weiterentwicklung der Umwelterziehung führte zu neuen theoretischen Ansätzen. Diese fassen die frühere Umwelt*erziehung* von nun an als Umwelt*bildung* auf. Die Theoriediskussion wurde vor allem in den 80er Jahren und Anfang der 90er-Jahre geführt.
In der **Naturbezogenen Pädagogik** ist die Forderung nach pflegerischen Umgang und unmittelbarer Begegnung mit Natur die wesentlichen inhaltlichen Faktoren. Dieser Ansatz stützt sich vor allem auf die theoretische Annahme, dass eine Notwendigkeit von Naturbeobachtung, Lernen mit allen Sinnen und Naturerfahrung bei der Umweltbildung besteht. Durch einen emotionalen Zugang zur Natur werde ein Bewusstsein von ökologischen Zusammenhängen intendiert. Ausschließlich diese eigenen Erfahrungen würden zum Ziel von Umweltbildung führen.
In weiterer Kritik an dem ursprünglichen, lediglich auf das Individuum „Mensch" bezogenen Ansatz der Umwelterziehung entwickelte sich der Ansatz der **Ökopädagogik.** Grundlage des Konzeptes ist eine gesellschaftspolitische Reflexion: Zentrales pädagogisches Element stellt die Annahme dar, dass eine wirkliche positive Änderung der Umweltsituation nur mit einem Reflexionsprozess erreicht werden könne, der auf die Zukunft ausgerichtet sein muss. Der ökopädagogische Ansatz beinhaltet allerdings keine konkreten Beispiele für die Umsetzung in der Praxis der Bildungsarbeit. [33]
Der Ansatz des **Ökologischen Lernen** baut auf der Ökopädagogik auf. Als Erweiterung versucht er, Beispiele für die praktische Umsetzung in der Umweltbildung zu entwickeln und in das theoretische Modell zu integrieren. Das wichtige Element im Ansatz ist die Forderung nach einem schulischen Lernprozess, der sich jedoch von dem klassischen Bildungssystem abhebt. So solle „innovativ"[34] gelernt werden. Die Elemente dieses „neuen Lernens" bilden „Situations- und Problemorientiertheit", „Reflexion", „Handlungsorientierung", „Antizipation und Partizipation". [35]
An diesen Ansatz angelehnt wurde die **lebensweltliche Orientierung von Umweltbildung**. Sie geht von der individuellen Lebenswelt der Teilnehmenden an Bildungsveranstaltungen aus. Dabei wird versucht, einen didaktischen Rahmen von Umweltbildung auf der Grundlage unterschiedlicher Kriterien wie Betroffenheit, Ganzheitlichkeit, Vernetzung,

[32] Vgl. Bolscho, D. und Seybold, Hj. (1996), S. 79 ff.
[33] ebd.
[34] Das Gegenteil von „innovativem" Lernen ist das „tradierte Lernen". Der Club of Rome spricht 1979 von einer Krise des tradierten Lernens. Er begründet diese damit, dass durch den Erwerb festgelegter Auffassungen, Methoden und Regeln im tradierten Lernen nur die bekannten und sich wiederholenden Situationen zu bewältigen sind. Wirklich neue Erkenntnisse sind nur durch eine Distanz zum existierenden System mit dem innovativen Lernen möglich.
[35] Vgl. Kleber, E.W. (1993)

Wissenschaftsorientierung und Handlungsorientierung zu entwickeln.[36] Der Mensch wird als Teil von Natur aufgefasst und daher auch im Rahmen der Umweltbildung berücksichtigt. Mit der folgenden Übersicht sollen die einzelnen Ansätze zusammengefasst werden. Dabei wird versucht, die didaktischen Zielvorstellungen der Ansätze hervorzuheben:

Ansatz:	**Didaktische Zielvorstellungen:**
Umwelterziehung	Erziehung zur ökologischen Handlungskompetenz, *= anerzogenes Bewusstsein*
Naturbezogene Pädagogik	Erfahren von Natur als positives Element, *= „erlebtes" Bewusstsein*
Ökopädagogik	Kritisches Reflektieren von Natur im Hinblick auf Zukunft, *= reflexives zukunftsorientiertes Bewusstsein*
Ökologisches Lernen	Soziologisches Reflektieren über die und in der Natur, *= Mitweltbewusstsein*
Lebensweltorientierte Umweltbildung	Individuelles biographisches Reflektieren, *= biographisches Bewusstsein*

Die theoretischen Ansätze wurden didaktisch konkretisiert und bilden die Grundlage von den unterschiedlichen *Umweltbildungskonzepten.*

In der Einleitung wurde darauf hingewiesen, dass Naturerlebnisse als wichtiges Element in der Umweltbildung angesehen werden. Zur Überprüfung dieser Annahme soll in einem zweiten Schritt eine Überprüfung der didaktischen Konzepte auf ihren jeweiligen Bezug zum Naturerleben erfolgen. Eine vorläufige Betrachtung von unterschiedlichen Umweltbildungskonzepten und den konkreten Äußerungen der Autoren im Rahmen dieser Arbeit hat ergeben, dass sehr viele sich inhaltlich auf Naturerleben beziehen. Somit musste vor Beginn einer Analyse von Konzepten eine Auswahl getroffen werden. Aufgrund der quantitativen Beschränkung werden im Folgenden nur Konzepte vorgestellt, die einen deutlichen didaktischen Bezug gegenüber Naturerleben beinhalten.

[36]Vg. Michelsen, G., in: Beyersdorf, M./Michelsen, G./Siebert, H. (1998)

3.2. Bedeutung und Definition von Naturerleben

Für ein Verständnis der didaktischen Bedeutung von Naturerleben sollte vorerst beschrieben werden, was in dieser Arbeit unter dem Begriff „Naturerleben" verstanden wird. Für den Begriff „Naturerleben" sind bislang nur wenige konkrete Beschreibungen anderer Autoren vorhanden. Beim Suchen nach einer Definition und einer konkreteren Beschreibung von Naturerleben in Verbindung mit Umweltbildung konnte ich feststellen, dass beides einerseits zwar oft als didaktische Grundlage Verwendung findet, die damit verbundene Bedeutung jedoch kaum näher beschrieben wird.

Somit ergibt sich eine erste Feststellung: „Alle reden in der Umweltbildung von Naturerleben, beschreiben aber nicht im Detail, was sie damit eigentlich verbinden..." Dieses lässt natürlich an der Glaubwürdigkeit der konzeptionellen Umweltbildungsdidaktik zweifeln. Lediglich Maaßen, Trommer und Janßen haben sich ausführlicher mit dem Begriff des „Naturerlebens" beschäftigt. Dabei stützt sich die diesem Buch zugrunde liegende Vorstellung von Naturerleben mit einer kleinen Ergänzung auf die Definition von Janßen. Dieser führt aus:

> *„Naturerleben ist das subjektive Innewerden von Naturphänomenen, die als bedeutsam empfunden werden."*[37]

Nach meiner Vorstellung muss für die Verwendung des Begriffes „Naturerleben" in diesem thematischen Zusammenhang jedoch eine Erweiterung vorgenommen werden: Es sollte das Wort „empfinden" durch „wahrnehmen" ersetzt werden. Mit „Wahrnehmung" kann deutlicher ausgedrückt werden, dass es eine mögliche Anleitung zum bewussten und gelenkten Innewerden mit Naturphänomenen geben kann. „Empfindungen" hingegen sind kaum pädagogisch beeinflussbar, weil sie sich vor allem unbewusst vollziehen. Wahrnehmungen können jedoch angeleitet werden.

Durch pädagogische Beeinflussung können zum Beispiel bewusst bestimmte Kanäle (Sinnesreize) zur Wahrnehmung von Natur geöffnet werden. Für eine spätere pädagogische Betrachtung erscheint mir daher die folgende Definition geeigneter:

> ➢ **Definition von Naturerleben für die Themenstellung „Naturerlebnispädagogik":**
> Naturerleben ist das subjektive Innewerden von Naturphänomenen, die individuell als bedeutsam wahrgenommen werden.

---

[37] Janßen, W. (1997)

Zum anderen muss beschrieben werden, was beim Naturerleben der Begriff „Natur" im Sinne einer Umweltbildung bedeutet.

Der Naturbegriff kann den Menschen entweder als *ein Gegenüber* von Natur oder als *ein Teil von ihr selbst* betrachten. Brämer spricht dabei auch von der „Subjekt-Objekt-Dialektik".[38] Damit wird beschrieben, dass der Mensch bei einem Verständnis von „Natur" sich selber entweder als Subjekt, oder als Teil von Natur und dann als Objekt wahrnimmt. Dieses anthropozentrische[39] Problem um die Stellung des Menschen im Verhältnis zur Natur ist auch in die unterschiedlichen theoretischen Ansätze eingeflossen. Diese haben in ihrer jeweiligen Annahme ein differenziertes Verständnis von „Natur". Während die Umwelterziehung zum Ende der siebziger Jahre eine Trennung zwischen Menschen und Natur zugrunde legte, sehen andere (neuere) Ansätze den Menschen als Teil von Natur (vgl. Kapitel 3.1.).

Trommer bringt in die Diskussion um „Natur" den Begriff „Wildnis" ein. Er unterscheidet in seinem *Drei-Umwelten-Modell* zwischen Wildnis, Kulturlandschaft und Zivilisationslandschaft. Während Wildnis für ihn unberührte Natur beschreibt, stellt Zivilisationslandschaft den Menschen in den Vordergrund. Eine Kulturlandschaft beinhaltet sowohl Mensch als auch Natur in Interaktion zueinander. Trommer stellt mit dem Wildnisbegriff „*die Trennschärfe zwischen dem technisch Manipulierbaren und dem Freien der Natur* her".[40]

Für den Begriff „Naturerleben" erscheint mir das Verständnis von „Kulturlandschaft" für die Natur als angebracht. Damit wird der Mensch als ein Teil von Natur aufgefasst. Das Erleben von Natur im Sinne dieses Verständnisses findet somit auch in der vom Menschen beeinflussten Natur statt. Mit diesem Verständnis soll „Natur" für die Herleitung des Begriffes „Naturerlebnispädagogik" aufgefasst werden. Als eine Ergänzung dazu nennt Brämer drei Kriterien, mit denen die subjektiven Naturbilder geordnet werden können.[41]

Naturbegriff in der mehrperspektivischen Betrachtung (nach Brämer):

- Natur aus der Sachperspektive (Naturwissenschaft)
- Natur aus der Wertperspektive (Religion, Ästhetik, Ethik)
- Natur aus der Handlungsperspektive (individueller Umgang mit Natur)

---

[38] Brämer, R. (1998), S. 73

[39] Der Begriff „Anthropologie" beschreibt die Wissenschaft vom Menschen und seiner Entwicklung in natur- und geisteswissenschaftlicher Sicht.

[40] Trommer, G. (1996), S. 13-15

[41] Brämer, R. (1998), S. 76-81

Die „Wahrnehmung" von Natur (im Sinne der vorherigen Definition von Naturerleben) wird durch diese unterschiedlichen Perspektiven beeinflusst. Daher sollte meiner Meinung nach der Naturbegriff in der didaktischen Konzeption von Umweltbildung aus dieser Mehrperspektivität hervorgehen. Auch Maaßen, Trommer und Janßen haben Naturerleben mehrperspektivisch betrachtet. Sie haben dabei unterschiedliche Dimensionen von Naturerlebnissen festgestellt. Maaßen beschreibt fünf Dimensionen des Naturerlebens[42] :

Die fünf Dimensionen des Naturerlebens (nach Maaßen):

- Naturerleben als anthropologische Kategorie
- Naturerleben als gesellschaftlich-politische Kategorie
- Naturerleben als Erweiterung der Naturwissenschaft
- Naturerleben als reflexiver Vorgang, in dem die Begegnung selbst zum Gegenstand der Betrachtung wird
- Naturerleben als pädagogische Kategorie

Naturerleben wird als *anthropologische Kategorie* aufgefasst, weil es einem natürlichen Bedürfnis der Menschen entspreche. Der Mensch nähert sich der Natur zum einen ohne Absicht, etwas zu verändern. Zum anderen bekommt er in dem Naturerlebnis eine Erfüllung durch ideelle Werte wie Wärme, Ruhe oder Ausstrahlung. Der Naturbezug des Menschen ist für seine Existenz unabdingbar. Er ist somit vom Menschen und der Gesellschaft anerkannt, gewollt und in politischen Entscheidungen inbegriffen. Dieses wird unter der *gesellschaftlich-politischen Kategorie* verstanden. Naturerleben dient einer *Erweiterung der Naturwissenschaft,* weil es das rein rationale Wissenschaftsverständnis erweitert. In der phänomenologischen Betrachtung von Naturerleben ist es ein *reflexiver Vorgang*. Der Aufenthalt in der Natur kann durch pädagogische Planung und Durchführung derart gestaltet werden, dass möglichst viele Naturbegegnungen inszeniert werden. Somit ist Naturerleben auch *pädagogische Kategorie* (siehe dazu meine Ausführungen im Kapitel 4).

---

[42] Maaßen, B. (1994), S. 8

Janßen und Trommer formulierten 1988 die „zehn Komponenten des Naturerlebens"[43]:

Zehn Komponenten des Naturerlebens:

- Naturerleben ist originale Begegnung mit der Natur.
- Naturerleben ist für jeden Menschen mit sinnlichen Wahrnehmungen möglich.
- Naturerleben setzt innere Gestimmtheit voraus.
- Naturerleben ist emotional und individuell.
- Naturerleben kann weitere Phantasie und Kreativität anregen.
- Naturerleben ist nicht determinierbar.
- Naturerleben kann zu widerstreitenden Gefühlen anregen.
- Naturerleben steht mit Naturkenntnis und Naturverständnis im Zusammenhang.
- Naturerleben ist eine Basis selbstbestimmten Handelns für Natur und Umwelt.
- Naturerleben erfordert sensibel anleitende Didaktik.

Mit der Darstellung der unterschiedlichen Auffassungen von Naturerleben soll gezeigt werden, dass später vorgestellte didaktische Konzepte den Begriff „Naturerleben" sehr vielfältig und offen einschließen. Die Vorstellung von Naturerleben umfasst somit ein weites Assoziationsbild.

3.3. Konzepte der Umweltbildung

3.3.1. Naturbezogene Pädagogik

Die grundlegende These von Hans Göpfert lautet:[44]

> *„In der Zivilisation ist der Kontakt zur Natur verlorengegangen. „Naturentfremdung" als Folge führt dazu, dass eine geringe Betroffenheit bei Umweltproblemen einsetzt. Der Gleichgültigkeit gegenüber den Umweltproblemen kann jedoch durch eine herkömmliche Umwelterziehung nicht begegnet werden."*[45]

---

[43] Vgl. in: Janßen, W. (1997)
[44] Göpfert ist Dozent für Schulpädagogik an der Universität Regensburg. Seine inhaltlichen Ziele in der Lehrerbildung liegen in der humanen, friedensorientierten und naturbezogenen Pädagogik in der Schule. Daraus entwickelte er das Konzept der Naturbezogenen Pädagogik.
[45] Göpfert, H. (1997), S. 8

Göpfert`s *Naturbezogene Pädagogik* greift in ihrem didaktischen Konzept den verlorengegangenen Bezug zur Natur auf. Für ihn liegt die zentrale Aufgabe von Umweltbildung darin, die Natur für den Menschen wieder erlebbar zu machen. Der Mensch soll sich als Naturwesen begreifen, sich der Natur zugehörig fühlen und eine Geborgenheit in der Natur spüren. Aus diesem emotionalen Bewusstsein heraus ergäbe sich eine veränderte (naturbezogene) Verhaltensweise. „Die Liebe zur Natur" wird somit als Grundlage für deren Bewahrung angesehen.[46] Göpfert geht davon aus, dass die Natur in ihrer Vielfalt und Einmaligkeit erlebt werden muss, um Eingriffe und Zerstörungen bewusst wahrnehmen zu können. Seine Pädagogik richtet sich dabei gezielt an Kinder und Jugendliche.

Er führt dazu aus:

> *„Die Jugendlichen brauchen einen Schonraum, ein Stückchen heile Welt, um dort Kräfte zu sammeln, um sich selbst zu finden, ehe sie mit der kaputten Welt konfrontiert werden."*[47]

Die Naturbezogene Pädagogik stellt die *ganzheitliche* Naturbegegnung in den Mittelpunkt ihrer Didaktik. Die Ganzheitlichkeit umfasst dabei eine sinnliche, meditative, ästhetische, spielerisch entdeckende und verstehende Naturbegegnung. Göpfert sieht die Vorstellung „vom Leben im Einklang mit der Natur" als das pädagogische Ziel seiner Naturbezogenen Pädagogik. Als Methoden gehören für ihn auch das Pflegerische im Garten und schützende Aktivitäten in der Natur dazu. Das Konzept geht von einer positiven Wirkung vom Umweltbewusstsein für die Bereitschaft zum schützendem Handeln in der Natur aus. Ein positives Bewusstsein werde dabei durch die Identifikation mit dem Objekt „Natur" entwickelt. Andere Autoren stellen diese Meinung von Göpfert jedoch in Frage.[48] Brämer hat durch jüngere empirische Erhebungen einen Zusammenhang zwischen Umweltbewusstsein, ökologischer Handlungskompetenz und naturschutzorientierten Naturerfahrungen nachgewiesen.[49] Dieses könnte somit Göpferts Theorie stützen. Brämer legt in seiner Studie Naturerleben und die Naturbegegnung aus der Aktivität in Umweltschutzmaßnahmen in der Jugendzeit zugrunde, während Göpfert von der ausschließlichen Begegnung mit „heiler" Natur ausgeht. Dieses schränkt eine Vergleichbarkeit mit anderen Konzepten ein.

---

[46] Vgl. Göpfert, H. (1994)
[47] Bolscho, D. und Seybold, Hj. (1996), S. 86
[48] Vgl. Kalff, M., (1994); de Haan, (1989) und Bolscho, D. und Seybold, Hj. (1996)

Göpfert lässt sich dadurch nicht eindeutig empirisch belegen. Michelsen kritisiert an dem Konzept, dass die politische und gesellschaftliche Dimension sowie der Handlungsaspekt nicht ausreichend verankert sind.[50] Naturbezogene Pädagogik versucht einen positiven Bezug zur Natur durch eine direkte Begegnung herzustellen. Die direkte Naturbegegnung impliziert zugleich ein Naturerlebnis im Sinne dieser Arbeit. Festzustellen bleibt: Naturerleben hat einen wesentlichen methodisch-didaktischen Anteil in der Naturbezogenen Pädagogik.[51]

Die Bedeutung von Naturerlebnissen bei der Naturbezogenen Pädagogik

- Mit dem Begriff „Erleben" wird die Möglichkeit des Menschen angesprochen, sich selbst und seine Umgebung ganzheitlich, global und intensiv zu erfahren.
- Leben wird durch die Vorsilbe „er" zur aktualisierten Handlungsgröße.
- Denken, Fühlen mit vielen oder gar allen Sinnen bilden eine Einheit und sind die Grundmuster von Erleben.
- „Naturbezogenes Erleben" zielt auf eine Fülle und Vielgestaltigkeit der Natur und des Lebendigen ab.
- Das Erleben von der Vielfalt und Vielgestaltigkeit der Natur wird gleichsam prägendes Element für die Entwicklung und Entfaltung des Menschen.
- Naturerleben bewirkt ein Sich-Einlassen auf Natur. Dadurch wird in der Naturbezogenen Pädagogik die Möglichkeit gegeben, zu Lebenskraft, Lebensbereicherung und -erfüllung zu gelangen.

3.3.2. Ganzheitliches Lernen

Die didaktische Integration von *Ganzheitlichkeit in der Umweltbildung* liegt auch anderen Konzepten zugrunde. So bildet diese einen festen Bestandteil in den Konzepten der Mitweltbezogenen und der Naturbezogenen Umweltbildung. Ganzheitliches Lernen stellt daher eigentlich kein autonomes Konzept dar, sondern es hat eher methodischen Charakter. Aufgrund seiner großen Bedeutung in der Umweltbildung soll es an dieser Stelle ebenfalls vorgestellt und im Hinblick auf seine Integration des Aspektes „Naturerleben" analysiert werden.

---

[49] Vgl. Brämer, R. (1998): Brämer führte 1997 eine Pilotstudie zum Verhältnis von Jugend und Natur - „Zur Empirie des jugendlichen Naturverständnisses" an der Universität Marburg durch.
[50] Michelsen, G., in: Beyersdorf, M./Michelsen, G./Siebert, H. (1998), S. 61
[51] vgl. Göpfert, H. (1994), S. 341-342

Die Methode *„ganzheitliches Lernen"* wurde von Gerhard Winkel[52] geprägt. Er vertritt die Annahme, dass menschliches Verhalten weniger stark von seinen Kenntnissen geleitet wird, als vielmehr von den individuellen Werten, den Normen, dem Gewissen, der Ethik und der Moral. Auch das Verhalten entwickele sich nicht ohne Kenntnisse. Im Handeln und Unterlassen, sowie im Schützen und Bewahren werde doch jeder Mensch eher von seinem Gefühl geleitet als vom Kopf, und somit eher aus dem Herzen als aus dem Verstand.[53]

Beim Ganzheitlichen Lernen kommt somit der didaktischen Berücksichtigung von persönlichen Werten und Werthaltungen eine zentrale Bedeutung zu. Winkel betont, dass emotionale Gefühle nur durch einen umfassenden Lernprozess, der alle Ebenen der Ganzheit gleichermaßen einschließt, erreicht werden könnten.

Damit unterscheidet sich dieses Modell von dem Konzept von Göpfert. Dieser sieht als Grundlage für das menschliche Handeln in der Natur ausschließlich eine positive emotionale Haltung. Winkel hingegen fordert eine ganzheitliche emotionale Haltung, die nicht ausschließlich positiv sondern real sein sollte. Grundlage für die Forderung nach Ganzheitlichkeit ist die Annahme, dass alles Leben einer ganzheitlichen Vernetzung unterliegt. Ein „Begreifen von Natur" könne daher auch nur aus einer ebensolchen ganzheitlichen Betrachtung erfolgen. Winkel geht von der praktischen Ganzheit eines jeden Menschen in jedem Augenblick seiner Biographie aus. Er fasst diese biographische Ganzheit in den folgenden drei Aussagen zusammen:[54]

„Biographische Ganzheit"[54] :

(1) Jeder Mensch ist mit seinem Denken, Fühlen und Wollen in jedem Augenblick eine unaufhebbare Ganzheit.

(2) Die Umwelt tritt jedem Menschen zunächst als Ganzheit gegenüber.

(3) Jede Analyse von Teilaspekten muss wenigstens der Tendenz nach in die Ganzheit zurückführen.

(4) Jede Situation ist eine einmalige Ganzheit. In ihr treffen Vergangenheiten zusammen und bewirken eine offene Zukunft.

---

[52] Gerhard Winkel hat seit 1961 das Schulbiologiezentrum in Hannover aufgebaut, und er leitete es 30 Jahre. Dieses Zentrum gilt bis heute als Prototyp eines Umweltzentrums und wurde auch für die „ökologische Schulgartenbewegung" zum Vorbild.

[53] Vgl. Winkel, G. (1994)

[54] Winkel, G. (1994), S. 15

In der Methode des ganzheitlichen Lernens sollen im Idealfall die Merkmale biographischer Ganzheit in der Umweltbildung berücksichtigt werden. Die „Ganzheit als solche" stellt das Ziel dar, das aber höchstens annähernd auf einer relativ niedrigen Ganzheitsebene erreichbar ist. Winkel relativiert seinen Ganzheitsanspruch. Er spricht von dem Erreichen von Ganzheit in Ebenen. Für ihn bedeutet Ganzheitlichkeit *das Erklimmen von möglichst vielen ganzheitlichen Ebenen.* Um das Modell zu konkretisieren, fasst Winkel den Anspruch an Ganzheitlichkeit in sieben Erfahrungsbereiche für den ganzheitlichen Unterricht in Verbindung mit Umweltbildung zusammen: [55]

Die sieben Erfahrungsbereiche von ganzheitlichem Unterricht (nach Winkel):

(1) Sinnliche Naturerfahrung
(2) Spiel
(3) Ästhetische Naturerfahrung, künstlerische Zugangsmöglichkeiten zum Thema
(4) Praktische Nutzanwendung des Themas, pragmatische Inhalte
(5) Messender, untersuchender, naturwissenschaftlicher Zugang zum Thema
(6) Darstellungsmöglichkeiten des Themas
(7) Gesellschaftlicher oder politischer Zugang zum Thema (Konflikte)

Mit dem Erschließen der Natur in möglichst allen Erfahrungsbereichen (Winkel nennt diese auch Erfahrungsfelder), werde Ganzheitlichkeit erreicht. Dabei sollte jedes Unterrichtsthema so vorbereitet werden, dass möglichst alle genannten Bereiche didaktisch berücksichtigt werden. Winkel betont, dass *ganzheitliches Lernen* kein wissenschaftliches System sein soll. Es geht ihm um die verschiedenen Blickrichtungen bei der Planung und Durchführung von Unterricht. Somit stellt Ganzheitlichkeit lediglich „eine Leitlinie für die pädagogische Phantasie" dar. Weil Unterricht dadurch im wesentlichen ganzheitlicher werde, könnten auch die Schüler besser erreicht werden.[56]
Meiner Meinung nach kann aufgrund der differenzierten Schülereigenschaften lediglich ein „didaktisches Bemühen nach Ganzheitlichkeit" stattfinden. Sie ist für einen bestimmten Gegenstand, für eine bestimmte Anzahl von Elementen, für einen Ausschnitt der Welt, usw. nicht empirisch festzustellen. Es handelt sich bei dem Anspruch also immer um *subjektive Erkenntnisraster.*

---

[55] ebd.

Naturerleben ist in der Methode vom Ganzheitlichen Lernen einer von mehreren Zugängen zur Natur. Mit der Umsetzung werden daher auch nur bestimmte Erfahrungsbereiche von Ganzheitlichkeit angesprochen.

Bedeutung von Naturerlebnissen beim Ganzheitlichen Lernen:

- Naturerleben ist nach dem Verständnis von Ganzheitlichkeit einer von mehreren Zugängen in der Umweltbildung.
- Zur Verwirklichung der didaktischen Forderung nach Ganzheitlichkeit müssen möglichst vielfältige Zugänge geschaffen werden.
- Folgende drei methodischen Möglichkeiten werden beim Ganzheitlichen Lernen angesprochen:

(1) Das sinnliche Naturerleben
(2) Ein Spiel, das zum Naturerleben führt
(3) Ästhetisches Naturerleben und künstlerische Zugangsmöglichkeiten zu einem Thema

3.3.3. Rucksackschule

Die Idee von einer „Schule aus dem Rucksack" ist heute in unterschiedlichen Umweltbildungskonzepten fest verankert. Sie stammt jedoch ursprünglich von dem Modellprojekt „Rucksackschule Harz", das von 1985 bis 1987 durchgeführt wurde. Damit wurde eine mobile Umweltbildungseinrichtung begründet, die möglichst einfache Lernmaterialien verwendet; diese konnten in einem Rucksack mitgeführt und je nach Situation individuell angewendet werden. Der Lernort lag ausschließlich in freier Natur.

Gerhard Trommer ist der Initiator des Projektes.[57] Seine Idee zur Rucksackschule entstand bei einem Aufenthalt im Yosemite Nationalpark in den USA. Dort lernte er das amerikanische Prinzip der *Naturinterpretation* kennen.

---

[56] Winkel, G. 1989, in: Maaßen, B. (1994), S. 94

[57] Trommer ist Professor für Biologie-Didaktik an der Universität Frankfurt/Main und beschäftigt sich seit längerer Zeit mit dem Zusammenwirken von Natur und Bildung.

Naturinterpretation beinhaltet die individuelle Betrachtung und Beobachtung von Natur mit dem Ziel, sie auszulegen und zu übersetzen. Es gibt unterschiedliche Möglichkeiten, den Zugang zur Natur herzustellen. Dieses kann als direkte Naturbegegnung (Naturerleben) oder durch Medien (Bilder, Erzählungen, Geschichten) erreicht werden.[58] Von der amerikanischen Interpretations-Methode war Trommer so sehr beeindruckt, dass er diese auch in Deutschland aufgreifen wollte. Mit der Einrichtung einer festen Rucksackschule sollten die amerikanischen Ansätze in Deutschland institutionalisiert werden. Als Forderung an die Rucksackschule formulierte Trommer das Ziel:

> *„Bei der Rucksackschularbeit sollte sich eine Verbindung von Wandern oder auch bloßem Draußensein mit inspirierendem, aktivtätigem Lernen in der Natur ergeben, und zwar mit dem Ziel der anregenden Natur- und Umweltschutzausbildung".*[59]

Vier verschiedene Erfahrungsebenen bilden die Grundlage der Rucksackschule.

Die vier Erfahrungsebenen der Rucksackschule:

(1) Naturerleben mit allen Sinnen
(2) Praktische Selbsterkundung und Beobachtung von Natur
(3) Mitteilungen über die Art, wie die Naturerfahrungen erlebt wurden; Selbstinstruktionen, einschließlich mimisch-gestischer Artikulation, die ökologische Zusammenhänge verständlich machen sollen
(4) Handlungsanreize zum schonend-pflegenden Umgang mit Natur

Die von Trommer entwickelten Erfahrungsebenen sind Grundlage der Didaktik der Rucksackschule. In der **ersten Ebene** wird Natur mit allen Sinnen erlebt. Das Wahrgenommene ist dabei zu gestalten und die eigenen Kräfte sind an der Natur zu erproben. Die **zweite Ebene** wird zum methodischen Annähern an Natur genutzt. Dieses geschieht mit Beobachtungen, Beschreibungen und Experimenten der Teilnehmer. Einfache Erkundungsübungen bilden den Kern dieser Ebene. In einer **dritten Ebene** geht es um die „Selbstinstruktion". Diese beinhaltet das eigenständige Verständnis allgemeiner und bedeutungsvoller ökologischer Sachverhalte mit Hilfe von einfachen Modellen. Dazu werden „Instruktionsmaterialien" wie Seile, Wäscheklammern, Bilder, etc. benutzt, um einfache

[58] Vgl. Ludwig, T. (1996): Der schottische Naturschützer John Muir gebrauchte erstmals 1871 das Prinzip der „Naturinterpretation" als ein pädagogischer Grundsatz im Yosemite-Gebiet (heutiger Nationalpark) in Kalifornien. Es ist zu einem festen Bestandteil der Umweltbildung in amerikanischen Nationalparks geworden.

Modelle in der Natur aufbauen zu können. Die Rucksackschule benutzt besonders in dieser Ebene „einen Lernpfad aus dem Rucksack“. Neben den Modellen werden auch Ökologiespiele verwendet, um Grundsachverhalte der Ökologie zu vermitteln. Das Ziel der Rucksackschule wird in der **vierten Ebene** deutlich. Hier soll das bislang erreichte ökologische Bewusstsein zu einem umweltverträglichen Handeln und positiven Engagement werden. Als einziges Beispiel dafür wird „Müllsammlung“ genannt.

Als Kritik wird von mir angeführt, dass es schwierig erscheint, die vierte Ebene zu realisieren. Bei einer Rucksackwanderung sind kaum Handlungsmöglichkeiten vorhanden, wo das bisher erlangte Bewusstsein umsetzbar wäre. Auch wird bezweifelt, dass nach der sehr kurzen Rucksackschulzeit (in der Regel beträgt diese einen Tag) ein ökologisches Bewusstsein zu erzielen ist. Um dieses zu ermöglichen, erscheint eine langfristige Zusammenarbeit mit Schulen erforderlich.

Die Rucksackschule im Harz konnte sich finanziell nicht ausreichend etablieren. Nach der zweijährigen Projektzeit musste sie 1987 schließen. Das Teilziel der ökonomischen Unabhängigkeit konnte nicht erreicht werden. Als wichtigstes Ergebnis bleibt an dieser Stelle festzuhalten, dass die Idee bis heute weitergetragen worden ist: Einfache Lernmaterialien aus dem Rucksack zur Unterstützung der Naturinterpretation sind in vielen Umweltbildungsprogrammen integriert. Das Scheitern des damaligen Projektes ist nicht auf die Methode oder den Inhalt zurückzuführen, sondern ist finanziell begründet. Mit dem Versiegen der Fördermittel wurde die Rucksackschule im Harz „geschlossen“.

Die Rucksackschule bezieht Naturerleben als ein Element in ihr didaktisch differenziertes Konzept mit ein. So wird dieses folgendermaßen berücksichtigt:

Bedeutung von Naturerlebnissen bei der Rucksackschule

- Naturerleben ist ein grundlegender Zugang zu der Interpretation.
- Die Interpretation von Natur soll unmittelbar nach dem Erleben von Natur erfolgen.
- Direktes Naturerleben ist *eines von vier Erfahrungsebenen* der Rucksackschule. Es sollte methodisch mit allen Sinnen stattfinden.
- Naturerleben soll vor allem mit spielerischen Methoden hervorgerufen werden.

[59] Trommer, G. (1991), S. 26/27

3.3.4. „Von den Sinnen zum Sinn“ und „Ebenen des Naturverständnisses“

Willfried Janßen[60] hat sich mit den Komponenten des Naturerlebens beschäftigt, und er entwickelte mit dem Konzept „Ebenen des Naturverständnisses“ einen didaktischen Weg zum Umweltbewusstsein.[61] In diesem Konzept legt er einen Prozess zugrunde, der stufenweise zu einem besseren Naturverständnis führt. Das Konzept beschreibt unterschiedliche Ebenen, die prozesshaft von der emotionalen Stufe des *Naturerlebens* bis zum *Umweltbewusstsein* als formuliertes Ziel führen.

Das Modell stellt das Naturerlebnis an die untere Stufe der Didaktik. Auf dieses wird in einer ganz bestimmten Reihenfolge Umweltbewusstein aufgebaut. Ziel ist auf der obersten Stufe, aus diesem Bewusstsein heraus für die Natur zu handeln. Das aktive Handeln bewirkt dabei einen Kreislauf von Erkennen, Handeln und Hinterfragen.

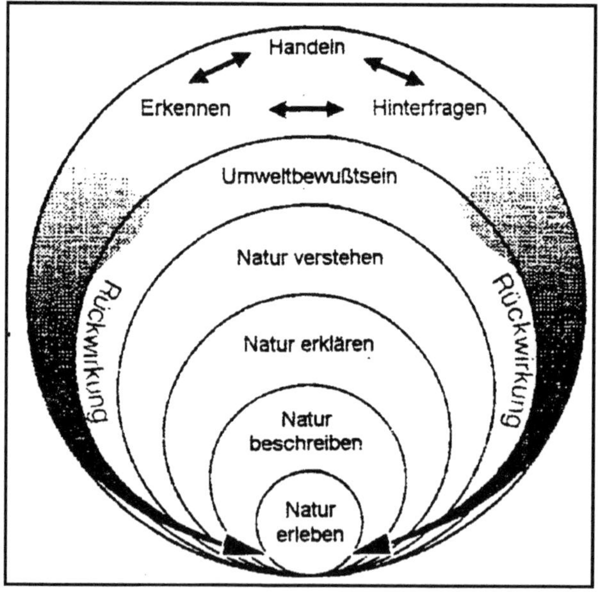

Abbildung 2: „Ebenen des Naturverständnisses“

---

[60] Als Professor für Biologie-Didaktik an der Bildungswissenschaftlichen Hochschule in Flensburg untersuchte er zusammen mit seinem Kollegen Trommer die Dimensionen und Wirkungen von Naturerleben. Sie haben diesen Begriff bis heute geprägt.

Janßen hat das ursprüngliche Modell von 1984 überarbeitet und 1990 um die *Rückwirkung des erzielten Bewusstseins* ergänzt. Das bedeutet, dass die innere Einstellung (Umweltbewusstsein) zur anderen (erweiterten) Naturwahrnehmung führt. Das Naturerlebnis wird somit immer als etwas Neues erlebt.

Im Rahmen der Ausbildung von Studierenden entwickelte Janßen ebenfalls 1990 das didaktische Konzept „Von den Sinnen zum Sinn".[62] Dieses wird auch „Sinn der Sinne" genannt und stellt die theoretische Grundlage der Wirkung von Naturerleben dar. Das Konzept kann folgendermaßen beschrieben werden: Der Ausgangspunkt aller Formen von Naturerleben ist die **unmittelbare Begegnung mit Natur.** Diese erfolgt durch selbstbestimmtes Betrachten und Beobachten von Natur. Von den wahrgenommenen Naturphänomenen ausgehend stellen die Teilnehmer Fragen zur Deutung des Erlebten. In diesem Sinne bedeutet „Unmittelbarkeit", betroffen zu sein, neugierig zu werden und mehr wissen zu wollen. Auf die Selbstbestimmtheit des Naturerlebens baut die **Selbständigkeit der Vertiefung** auf. Diese beinhaltet das Stellen von Fragen, das Suchen nach Antworten und schließlich das Erlangen von neuen Erkenntnissen. Die Unmittelbarkeit der Naturbegegnung einerseits und die Selbständigkeit als individuelle Fähigkeit andererseits sind wesentliche Voraussetzungen für das Gelingen der **Zusammenarbeit in der Gruppe**. Die Gruppe arbeitet dabei durch folgende Interaktionen zusammen: Sich mitteilen, dem anderen zuhören, sich gegenseitig helfen, Probleme gemeinsam lösen, Interessen abwägen und unterschiedliche Ergebnisse vergleichen. Bei der Interaktion werden Erfahrungen ausgetauscht, Anregungen aufgenommen und Impulse gegeben. Bei der Reflexion gemeinsam erlebter Naturbegegnungen wird den Teilnehmenden deutlich, dass die eigene Interpretation von Empfindungen, Eindrücken und Deutungen auch für andere von Bedeutung sind. Sie beinhalten zugleich ein Geben von Erfahrungen und ein Nehmen von Ideen. Die Erfahrungen mit sich selbst und mit der Gruppe stellen sowohl individuelle als auch soziale Erfahrungen dar. Sie tragen insbesondere in dieser Kombination zur Bildung von **Bewusstsein** bei. Die Erfahrungen werden in der Gruppe ausgetauscht. Dadurch lassen sich gemeinsam Einsichten über Zusammenhänge und Probleme entwickeln. Dieses wiederum ist die Grundlage für neue **Handlungsfähigkeit.** Aus der Problemkenntnis wird eine Problembetroffenheit, die zum Handlungsbedürfnis führen kann. Damit ist die Bereitschaft gemeint, Erkenntnisse in Taten umzusetzen, Entscheidungen zu treffen und Gewohnheiten zu verändern.

---

[61] Vgl. Ludwig, T. (1996)

Sowohl das Konzept „Von den Sinnen zum Sinn" als auch „Die Ebenen des Naturverständnisses" stellen Naturerleben an die vorderste Stelle ihrer Didaktik. Es wird somit zum Fundament der theoretischen Annahme, dass Umweltbewusstsein als Prozessfolge aus Naturerlebnissen resultieren würde. Obwohl diese Annahme nicht empirisch belegt werden konnte, bildet sie als Hypothese die Grundlage der Konzepte. Es wird nicht eindeutig geklärt, ob eine entsprechende Beeinflussung des Bewusstseins nur dann erzielt werden kann, wenn Naturerleben in einer bestimmten Reihenfolge (zum Anfang) in dem Konzept erfolgt ist.

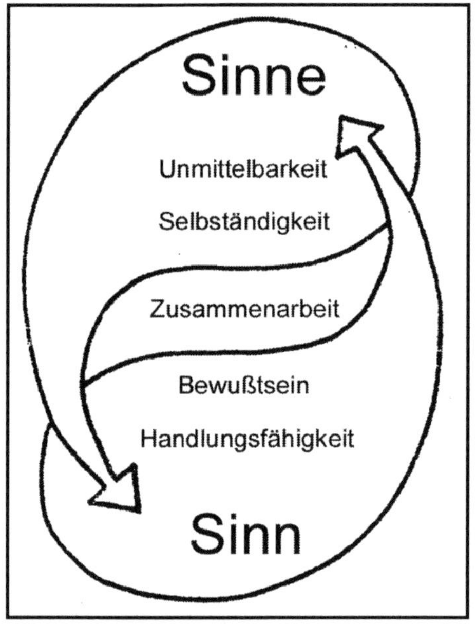

Abbildung 3: „Von den Sinnen zum Sinn"

Bedeutung von Naturerlebnissen bei Trommer / Janßen in den Modellen: „Von den Sinnen zum Sinn" und „Ebenen des Naturverständnisses"

- Naturerleben stellt die erste Stufe eines didaktischen Modells zur Erlangung von Umweltbewusstsein dar.
- Der Gebrauch der Sinne beim Naturerleben führt zur Handlungsfähigkeit (Sinn).

[62] Vgl. Janßen, G. (1994)

3.3.5. Flow Learning

In den siebziger Jahren hat der amerikanische Naturpädagoge Joseph Bharat Cornell mit einer Vielzahl von Spielvorschlägen zum Naturerleben auf sich aufmerksam gemacht.[63] Diese sind in der deutschen Umweltbildungsarbeit auch als *Naturerfahrungsspiele* bekannt geworden. Besonders mit seinen Büchern „Mit Kindern die Natur erleben" und „Mit Freude die Natur erleben" hat Cornell seine spielerischen und meditativen Anregungen zum Naturerleben veröffentlicht. Naturerfahrungsspiele sind heute in den meisten Konzepten der Umweltbildung als Methode zum Naturerleben integriert.
Um den Hintergrund der Cornell-Spiele zu erfassen, ist die Theorie, das *Flow Learning* (engl.= fließendes Lernen), nötig. Im Vordergrund seiner Aktivitäten steht die Freude an der Naturbegegnung und der Aufbau harmonischer Naturbeziehungen. In voneinander abgestuften Phasen soll dabei intensives Naturerleben stattfinden. Jede Phase baut dabei auf einer vorhergehenden auf.

In einem ersten Schritt wird mit Spielen Begeisterung für ein thematisches Vorhaben geweckt. Ist diese erreicht, wird über einen neuen spielerischen Rahmen konzentrierte Naturwahrnehmung gelernt. Erst hier ist der Zeitpunkt für direkte Naturerfahrungen gekommen, die in der dritten Stufe angeregt werden. In der letzten Stufe werden Möglichkeiten geschaffen, bei denen die Inspirationen reflektiert werden. Diese sollen anderen in der Gruppe weitergegeben werden.

Zu jeder Stufe oder Phase hat Cornell unterschiedliche Aktivitäten, die „Naturerfahrungsspiele" entwickelt. Die einzelnen Phasen im Flow Learning wurden mit Tiersymbolen versehen. Diese sollen symbolisch die einzelnen Phasen beschreiben.

[63] Cornell ist in Kalifornien aufgewachsen und hat unter anderem für den Nationalpark-Service der USA praktische Umweltbildungsarbeit geleistet. Dabei hat er spezielle Naturerlebnisprogramme erarbeitet. Cornell ist der Gründer der Sharing-Nature Foundation in Amerika und arbeitet heute als Direktor für Umwelterziehung in den Ananda-How-to-Live-Schools in Nevada City.

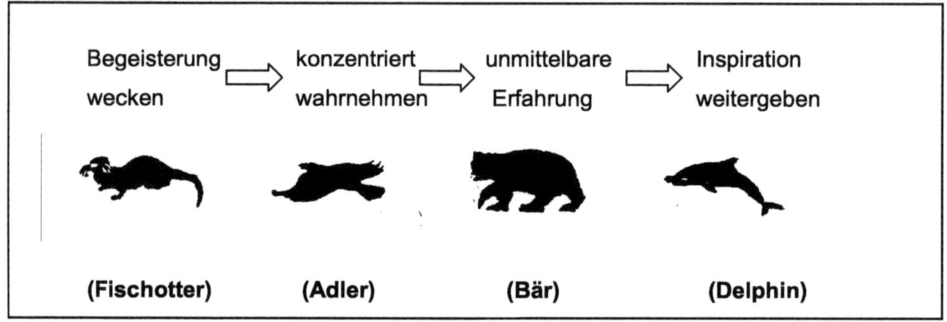

Abbildung 4: Die vier Phasen im Flow Learning

Bei der Betrachtung der einzelnen Phasen im Flow Learning werden folgende didaktischen Teilziele sichtbar:

In der **Stufe 1** geht es insbesondere um den spielerisch gemeinsam erlebten Spaß in der Gruppe. Dadurch entsteht ein Gefühl von verbindender Nähe, und es wird eine enthusiastische und zugleich wachsame Grundstimmung geschaffen. Somit sind alle Teilnehmer zunächst einmal gegenüber Neuem aufgeschlossen und motiviert, dieses kennen zu lernen. Als Symboltier wurde der Fischotter gewählt, weil dieser als einziges Tier während seines ganzen Lebens spielt. Somit kann diese Stufe auch als Spielstufe bezeichnet werden, die keine direkte thematische Bedeutung für Umweltbildung hat.
Das Symbol des Adlers steht für die Konzentration in **Stufe 2**. Cornell nennt sie die *„Brücke zwischen den energischen, spielerischen Aktivitäten und denen, die eine ruhige, gezielte Aufmerksamkeit verlangen“*.[64] Hier werden sehr einfache spielerische und zugleich meditative Elemente eingebracht. Die Besonderheit in der spielerischen Didaktik liegt in der Isolierung einzelner Sinne (z.B. Tast-, Seh- oder Hörsinn). Durch die Ansprache von nur wenigen Sinnen, wird die Reizaufnahme reduziert und die Konzentration bei der Wahrnehmung verbessert.

[64]Cornell, J. (1991), S. 32

In der **Stufe 3** soll ein unmittelbares Naturerlebnis ermöglicht werden. Ziel dabei ist es, *„ein Gefühl des Dazugehörens und des Verstehens zu entdecken“*[65]. Cornell sieht in dieser direkten Erfahrung eine Möglichkeit zur Bewusstseinserweiterung und zum *„Erfahren von Wirklichkeit“*. Im Flow Learning–Konzept ist die direkte Naturerfahrung dabei das wichtigste und zentrale Element der Didaktik. Der Bär symbolisiert bei dieser Stufe eine offene und naive Naturbegegnung in spielerischer Weise.

Die letzte **Stufe 4** kann auch als *„Stufe der Reflexion“* bezeichnet werden. In ihr sollen die vorherigen Erfahrungen beim Spielen erzählt werden. Inspiriert von der Erfahrung der Anderen soll die eigene Erfahrung verstärkt werden. Cornell wählt symbolisch für diese Stufe den Delphin als äußerst intelligentes Tier, das mit seinem ausgeprägten Denkvermögen zu neuen Ideen anregen kann.

Flow Learning versteht sich als dynamischer Prozess, der als Interaktion zwischen Natur, Gruppe und dem Interpreten abläuft. Der Interpret führt in die Naturerfahrungsspiele ein und schafft damit die Basis zum Naturerleben. Interessanterweise ist Naturerleben beim Flow Learning nicht die unterste didaktische Stufe. Dadurch unterscheidet sich dieses Konzept von den zuvor vorgestellten Modellen von Janßen.

Bedeutung von Naturerlebnissen beim Flow Learning

- Das „fließende Lernen“ erfolgt anhand von Naturbegegnungen.
- Als Methode dienen Naturerfahrungsspiele, mit denen zu verschiedenen Erlebnissen in der Natur geführt wird. Mit dem „Spiel“ wird somit Naturerleben initiiert.
- In unterschiedlichen Phasen wird die „unmittelbare Begegnung“ als „eigentliches Naturerlebnis“ vorbereitet und findet in der Mitte der didaktischen Reihenfolge statt.

Zusammenfassend lässt sich für die didaktischen Konzepte der Umweltbildung folgendes feststellen: Ihnen ist gemeinsam, dass sie die Unmittelbarkeit des Erlebens und das aktive Tun in der Natur als unverzichtbare pädagogische Elemente einsetzen. Das Erleben in und mit der Natur ist wesentliches und grundlegendes didaktisches Prinzip, welches jedoch von anderen Methoden ergänzt werden sollte.

Die folgende zusammenführende Darstellung ermöglicht einen Überblick über die didaktischen Möglichkeiten von Naturerlebnissen in den zuvor analysierten Konzepten zur Umweltbildung.

---

[65] ebd. S. 38-39

Darstellung der didaktischen Möglichkeiten von Naturerlebnissen in etablierten Konzepten der Umweltbildung:

Ökologische Pädagogik *(nach Kleber)*

- Naturerleben fördert das innovative Lernen, indem es die bildhafte Vorstellung unterstützt. Naturerleben muss dabei in der Gruppe stattfinden, um die Vorstellungskraft durch die soziale Interaktion zu erhöhen.
- Naturerleben als Naturbegegnung dient der persönlichen Welt- und Lebensorientierung in dem didaktischen Konzept der ökologischen Pädagogik.
- Mit Naturerlebnissen kann einer Entfremdung von der Natur entgegengewirkt werden.

Naturbezogene Pädagogik *(nach Göpfert)*

- Mit dem Begriff „Erleben" wird die Möglichkeit des Menschen angesprochen, sich selbst und seine Umgebung ganzheitlich, global und intensiv zu erfahren.
- Leben wird durch die Vorsilbe „er" zur aktualisierten Handlungsgröße.
- Denken, Fühlen mit vielen Sinnen bilden eine Einheit und sind die Grundmuster von Erleben.
- „Naturbezogenes Erleben" betont die Fülle und Vielgestaltigkeit der Wahrnehmung von Natur und des Lebendigen
- Das Erleben von der Vielfalt und Vielgestaltigkeit der Natur wird gleichsam prägendes Element für die Entwicklung und Entfaltung des Menschen.
- Naturerleben bewirkt ein Sich-Einlassen auf Natur. Dadurch wird in der ökologischen Pädagogik die Möglichkeit gegeben, zu Lebenskraft, -bereicherung und -erfüllung zu gelangen.

Ganzheitliches Lernen *(nach Winkel)*

- Naturerleben ist nach dem Verständnis von Ganzheitlichkeit einer von mehreren Zugängen in der Umweltbildung.
- Zur Verwirklichung der didaktischen Forderung nach Ganzheitlichkeit müssen möglichst vielfältige Zugänge geschaffen werden.
- Folgende drei methodischen Möglichkeiten werden beim Ganzheitlichen Lernen angesprochen:
  1. Die sinnliche Naturerfahrung
  2. Ein Spiel, das zum Naturerleben führt
  3. Ästhetische Naturerfahrung und künstlerische Zugangsmöglichkeiten zu einem Thema

Rucksackschule *(nach Trommer)*

- Die Interpretation von Natur sollte unmittelbar nach dem Erleben von Natur erfolgen.
- Naturerleben ist also ein grundlegender Zugang zu der Interpretation.
- Naturerleben (mit allen Sinnen) ist eine von vier möglichen Erfahrungsebenen.
- Mit spielerischen Methoden soll Naturerleben hervorgerufen werden.

„Von den Sinnen zum Sinn" + „Ebenen des Naturverständnisses" (*nach Janßen)*

- Naturerleben stellt die unterste didaktische Stufe zur Erlangung von Umweltbewusstsein dar.
- Der Gebrauch der Sinne führt zur Handlungsfähigkeit (Sinn).
- Mit Naturerlebnissen können viele Sinne angesprochen werden, so dass dieses für die Ziele von Umweltbildung sehr positiv wirkt.

Flow Learning *(nach Cornell)*

- Das „Fließende Lernen" erfolgt anhand von Naturerlebnissen.
- Mit Naturerfahrungsspielen werden Erlebnisse in der Natur herbeigeführt.
- In verschiedenen Phasen wird die „unmittelbare Begegnung" vorbereitet, durchgeführt und reflektiert.

Aus diesem Überblick bestätigt sich die anfängliche These von mir, dass Naturerleben ein wichtiger Bestandteil in der didaktischen Konzeption der Umweltbildung ist. Es kann an dieser Stelle folgendes Resümee gezogen werden:

Bedeutung von Naturerlebnissen in den Umweltbildungskonzepten

- Naturerlebnisse haben im Zusammenhang eines didaktischen Gesamtkonzeptes in der Umweltbildung eine wesentliche Bedeutung. Eine didaktische Begründung dafür fehlt bislang.

Muff führt stützt diese Feststellung.

> *„Die Begegnung mit Pflanzen, Tieren und der natürlichen Umgebung ist die Basis und der Ausgangspunkt jeglicher Art von ökologischer Bildung, die sich erlebnispädagogisch versteht.*[66]

Der Aufenthalt in der Natur könne zu Verständnis und Einfühlungsvermögen in natürliche Lebensvorgänge führen. Naturerfahrung sei dabei durch keine Art von „Erleben aus zweiter Hand" ersetzbar.[66] Maaßen sieht im Naturerleben *„eine pädagogische Antwort auf die ökologische Krise"*[67]. Er betrachtet Naturerleben also nicht nur als *einen*, sondern als *den* pädagogischen Weg der Umweltbildung. Beide Autoren schreiben Naturerleben mit diesen Äußerungen eine unverzichtbare Bedeutung in der Didaktik der Umweltbildung zu.

[66] Muff, A. (1997), S. 128
[67] Vgl. Maaßen, B. (1994)

Beide Autoren verwenden im Zusammenhang mit Naturerlebnissen als Zugang zur Umweltbildung Termini wie „Basis von ökologischer Bildung“ und „pädagogische Antwort“, obwohl sie dafür keine pädagogische Begründung anführen. Im folgenden Kapitel soll ein Versuch unternommen werden, eine Verbindung zwischen Pädagogik und Naturerlebnisse herzustellen und diese zu diskutieren.

4. Naturerlebnispädagogik

Im Sinne einer didaktischen Unterrichtsplanung ist es erforderlich, Naturerlebnisse auf deren pädagogische Wirkung und die Bedeutung als „pädagogische Kategorie" hin zu untersuchen.
In diesem Zusammenhang muss deutlich herausgestellt werden, dass die Pädagogisierung oder pädagogische Betrachtung von Erlebnissen sehr kontrovers diskutiert wird. Es stellt sich dabei immer die Frage, inwieweit die subjektgebundene Wirkung von Erlebnissen erhalten bleibt, wenn diese pädagogisch beeinflusst werden. Dieser Frage kann ich mich nicht verschließen, sie wird in diesem Buch jedoch nicht beantwortet werden können.

Festzustellen bleibt jedoch an dieser Stelle, dass Ursprungserlebnisse durch Reflexionen immer nur in verwandelter Form abgebildet werden können. Eine zu überprüfende (mögliche) Dimension von Naturerlebnis*pädagogik* greift aber insbesondere die Reflektierung von Naturerlebnissen bei der Umweltbildung auf.

Schulze thematisiert in seinem Buch „Die Erlebnisgesellschaft“ die Frage nach der „möglichen Existenz von gemeinsamen Erlebnissen“. Er kann sie nicht befriedigend beantworten – spricht aber im Zusammenhang von „gemeinsamen Erlebnissen“ von „subjektiver Singularität“. Trotzdem baut seine kultursoziologische Untersuchung auf der Gemeinsamkeit von Erlebnissen in einer Erlebnisgesellschaft auf. [68]
Die Annahme der „Gemeinsamkeit von Erlebnissen“, auch wenn sie aus kultursoziologischem Hintergrund stammt, liefert dem Autor dieses Buches (mit aller Vorsicht) die Überzeugung Naturerlebnisse pädagogisch betrachten zu können.

[68] Gerhard Schulze formuliert 1992 zum ersten Mal den Begriff der „Erlebnisgesellschaft“ und verbindet damit die gesellschaftliche Dominanz innenorientierter Lebensauffassungen (vgl. Schulze, G., 2000, S. 54).

Der Begriff „***Naturerlebnispädagogik***" impliziert, dass das Erleben von Natur pädagogisch genutzt werden kann und zu beeinflussen ist. Dieses ist vorerst eine Hypothese, die aber im Laufe dieses Kapitels näher diskutiert und eventuell bestätigt werden soll. Rückblickend soll die in Kapitel 3.2. hergeleitete Definition von Naturerleben zur Konkretisierung dienen: *Naturerleben ist das subjektive Innewerden derjenigen Naturphänomene, die individuell als bedeutsam wahrgenommen werden.* Mit der methodischen Anregung, Anleitung und Steuerung soll die Wahrnehmung von Naturphänomenen pädagogisch beeinflusst werden.

> ➢ ***Naturerlebnispädagogik*** versucht auf „Naturphänomene" und „Wahrnehmung" als Elemente von Naturerleben didaktisch einzugehen und diese pädagogisch zu beeinflussen.

In diesem Sinne wird von mir der Begriff *Naturerlebnispädagogik* verwendet. Die inhaltlichen und methodischen Bestandteile von *Naturerlebnispädagogik* werden dabei von den Konzepten der Umweltbildung übernommen, die sich didaktisch mit Naturerleben beschäftigt haben. Vgl. Kapitel 3.3.

> ➢ **Der Begriff *Naturerlebnispädagogik*** im Sinne dieser Arbeit beschreibt kein eigenes Konzept, sondern versucht lediglich, die pädagogische Wirkung und Beeinflussbarkeit von Naturerleben als didaktischer Bestandteil von Umweltbildung auszudrücken.

Im Folgenden sollen die pädagogischen Wirkungen von Naturerleben in der Didaktik der Umweltbildung untersucht werden. Dazu wird *Naturerlebnispädagogik* zum einen in Kapitel 4.2. auf die Beeinflussung von Werten und Einstellungen (ökologische Handlungskompetenz) und zum anderen anhand der pädagogischen Bedeutungen der Merkmale „Lernen", „Spielen" und „Erleben" in den Kapiteln 4.3. bis 4.5. analysiert.

4.1. Pädagogik von Naturerleben

Naturerleben ist als didaktischer Bestandteil von Umweltbildung in einem *Bildungsprozess* integriert. Jede Form von Bildung orientiert sich an konkreten Zielen und Vorgaben[69]. In der Umweltbildung sind die didaktischen Zielvorstellungen der Konzepte aufgrund verschiedener theoretischer Ansätze sehr unterschiedlich (vgl. Kapitel 3.1.). Brezinka hat zum Verständnis von Erziehungs- und Bildungszielen angeführt:

> *„Unter einem Erziehungsziel wird eine Norm verstanden, die eine für den Lernenden als Ideal gesetzte psychische Disposition beschreibt und vom Erzieher/Lehrer fordert, er solle so handeln dass der Lernende befähigt wird, dieses Ideal so weit wie möglich zu verwirklichen."*[70]

Mit dieser Definition wird deutlich, dass ein Verständnis des Begriffes „Bildung" vor allem von drei Merkmalen abhängt:

Drei Merkmale für das Verständnis von „Bildung" (nach Brezinka):

- Das Ziel von Bildung ist eine Norm, die von einer normgebenden Autorität gesetzt wird.
- Diese Norm enthält ein Ideal für den angesprochenen Personenkreis, also einen Soll-Zustand der Persönlichkeit, die an dessen konkreten Verhalten überprüfbar ist.
- Die Norm schließt außerdem Vorschriften für Pädagogen ein, um durch ihr Verhalten und ihre Einstellungen den Lernprozess zu unterstützen.

Was bedeutet es, wenn Umweltbildung entsprechend analysiert wird?

Merkmale einer Umwelt*bildung* nach dem nominalen Verständnis von Bildung:

- **Merkmal „Norm":**

Der Staat gibt die bildungspolitischen Vorgaben zur Umweltbildung in der Schule (KMK-Konferenz 1980). Der Lehrer handelt in seinem Unterricht im Auftrag des Staates.

- **Merkmal „Soll-Zustand als Ideal":**

Als Norm wird in der Umweltbildung das Erreichen von Umweltbewusstein und ökologischer Handlungskompetenz verstanden.

- **Merkmal „Vorschriften für Pädagogen":**

Die Vorschriften für den Pädagogen beziehen sich auf dessen Didaktik und inhaltliche Vorgaben, an denen er Umweltbildung im Unterricht ausrichten muss.

---

[69] Vgl. Kaiser, A. und Kaiser, R. (1996)

Fietkau und Kessel haben sich mit dem Ziel von Umweltbildung beschäftigt und dieses konkretisiert. [71] Als oberstes Ziel von Umweltbildung haben sie die „Entwicklung eines ökologischen Bewusstseins" festgestellt. Dieses wird vor dem Hintergrund eines gesellschaftlich-politischen Verständnisses von Fietkau und Kessel folgendermaßen definiert:

> *„...Ein ökologisches Bewusstsein ist der Aufbau von Wertvorstellungen und Verhaltensweisen von Menschen, die dazu führen sollen, dass diese sich in ihren individuellen, privaten Handlungen an ökologischen Notwendigkeiten orientieren."*[72]

Fietkau entwickelte zu Beginn der 80er Jahre das „Einflussschema für umweltbewusstes Verhalten". Damit wollte er die theoretisch möglichen Komponenten herausstellen, die umweltrelevante Verhaltensweisen beeinflussen.[73]

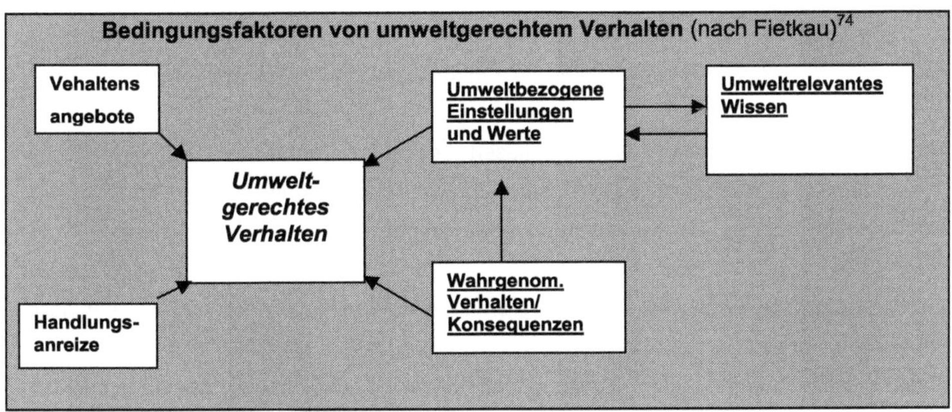

Abbildung 5: Bedingungsfaktoren von umweltgerechtem Verhalten

Umweltbewusstein und umweltgerechtes Verhalten wird somit durch fünf verschiedene „Verhaltensdeterminanten" (= Bedingungskomponenten im Modell von Fietkau) beeinflusst. Diese werden im Folgenden in Anlehnung an die Beschreibung von Erdmann[75] skizziert:

---

[70] Brezinka, 1975 in: Muff, A. (1997), S. 110
[71] Fietkau & Kessel, 1984 in: Muff, A. (1997), S. 112
[72] ebd.
[73] Fietkau, 1984 in: Erdmann, Kh. und Wehner, G. (1996), S. 156
[74] Vgl. ebd.
[75] Vgl. Erdmann, Kh. und Wehner, G. (1996)

Verhaltensangebote: Unter Verhaltensangeboten werden die von öffentlicher oder privater Hand geschaffenen jeweiligen Bedingungen (z.B. Infrastruktur) zusammengefasst. Unter Infrastruktur versteht man beispielsweise Altglascontainer, Öffentliche Verkehrsmittel, Energieversorgung. Diese muss für die Erlangung von umweltgerechten Verhaltensbewusstsein erfüllt sein.

Handlungsanreize: Handlungsanreize sind positive Verstärker materieller (Steuern) oder immaterieller Art (Auszeichnungen, Image), die sich unterstützend auf die Entwicklung von Umweltverhalten auswirken.

Umweltbezogene Einstellungen und Werte: Umweltbezogene Einstellungen und Werte determinieren ein umweltgerechtes Verhalten und bieten gleichzeitig Anreiz für eine Wissensaufnahme.

Wahrgenommenes Verhalten und Verhaltenskonsequenzen: Darunter wird die Schaffung von Möglichkeiten verstanden, Konsequenzen des eigenen Verhaltens hinsichtlich einer Veränderung der Umweltqualität wahrnehmbar zu machen. Dieses kann sich rückwirkend auf Einstellungen und Werte auswirken.

Umweltrelevantes Wissen: Dieses Wissen beinhaltet Kenntnisse über ökologische Zusammenhänge sowie über Auswirkungen menschlicher Eingriffe in den Naturhaushalt. Neu erlangtes Wissen kann zu entsprechenden Einstellungsveränderungen führen.

Zu fragen ist, inwieweit sich mögliche Verhaltensdeterminanten durch Naturerlebnisse pädagogisch beeinflussen lassen?

Naturerlebnispdädagogik kann entweder unmittelbar oder indirekt auf die Komponenten „Wissen“, sowie „Werte und Einstellungen“ Einfluss nehmen. Eine unmittelbare Beeinflussung bedeutet dabei die direkte Veränderung von Werten und emotionaler Betroffenheit durch Naturerlebnisse. Die indirekte Einflussnahme drückt aus, dass Naturerlebnisse zum Beispiel motivierende Wirkung für die spätere Wissensaneignung hervorrufen kann.

Es kann an dieser Stelle die Feststellung getroffen werden:

- **Naturerlebnispädagogik** kann im Rahmen seiner didaktischen Stellung in den Umweltbildungskonzepten auf einige Komponenten (Bedingungsfaktoren) zur ökologischen Bewusstseinsbildung einwirken. So nimmt sie direkten Einfluss auf die Bildung von „Werten und Einstellungen“ und wirkt motivierend für die Aufnahme von „Wissen“.

4.2. Wirkung von Naturerleben auf die Bildung von Werten und Einstellungen

Deutlich erkennbar ist, dass Naturerleben vor allem einen Einfluss auf die umweltbezogenen Werte und Einstellungen ausüben kann. So helfen Erlebnisse in der Natur dabei, neue Perspektiven von sich selbst und von der umgebenden Natur zu schaffen. Muff führt dazu aus:

> „Die Erlebnisse sind nötig, damit der Mensch sich in einer inneren Natur wahrnimmt und die Trennung von innerer und äußerer Natur aufhebt..." [76]

Unter „innerer Natur" wird dabei die Vorstellung einer Integration des Menschen als Teil in der Natur verstanden. Rosenberg und Hovland benennen drei Komponenten, die Einstellungen und Werte beeinflussen.[77]

Komponenten, die Einstellungen und Werte beeinflussen [78]

- **Affektive Komponente:** positive oder negative Gefühlsbeziehungen einer Person zu einer anderen Person, einem Objekt oder einem Vorgang.
- **Kognitive Komponente:** die Wahrnehmungs- und Werturteile, welche Informationen reflektieren, die man über ein Einstellungsobjekt gewonnen hat.
- **Konative Komponente:** die Bereitschaft, sich diesem Einstellungsobjekt gegenüber in einer bestimmten Weise zu verhalten.

Beim Naturerleben entsteht ein besonders starker Gefühlseindruck, der durch das unmittelbare Erlebnis hervorgerufen wird. Durch die Mitteilung in einer sozialen Gruppe können die Wahrnehmungen der Erlebnisse in der Natur reflektiert werden, die zuvor gewonnen wurden. Die Bereitschaft, sich auf das Erleben von Natur einzulassen, wird durch die soziale Gemeinschaft mit anderen vergrößert.

[76] Muff, A. (1997), S. 107
[77] Rosenberg und Hovland in: Muff, A. (1997), S. 113
[78] Einstellungen und Werte unterscheiden sich voneinander: Unter Werten werden im Folgenden allgemeine und objektunspezifische Verhaltensrichtlinien verstanden, unter Einstell
ungen dagegen Verhaltensbereitschaften, die sich auf konkrete Urteilsobjekte beziehen (Breß 1994 in: Muff, A. (1997), S. 113).

Durch unterschiedliche spielerische Elemente in der Gruppe können bestehende Hemmungen vor einer Annäherung an die Natur abgebaut werden. Die psychologische und pädagogische Wirkung des Spieles wird in Kapitel 4.4. näher erläutert.

> ➢ Das originale Erlebnis in der Natur führt zu einem affektiven Gefühlseindruck über Natur. Naturerleben als Gruppenaktivität ermöglicht darüber hinaus die kognitive und konative Komponente zur Ausbildung von neuen Werten und Einstellungen.

Alle drei Komponenten werden somit beim Naturerleben umfassend angesprochen; dadurch ist eine wirkungsvolle Beeinflussung von persönlichen Werten und Einstellungen zu erwarten. Neben diesen allgemeinen Faktoren, die zu einem bestimmten Wertverhältnis zur Natur führen können, nehmen auch andere Faktoren einen Einfluss darauf. Beeinflussende Merkmale sind somit auch die biographische Vorgeschichte, die Gefühlsfähigkeit und individuelle Persönlichkeitsmerkmale.

Nach der direkten Einflussnahme von Naturerlebnissen auf die Bildung von Werten und Einstellungen soll im weiteren Verlauf die pädagogische Bedeutung von Naturerleben auf die Aneignung von „Wissen" dargestellt werden. Dabei soll überprüft werden, inwieweit Naturerleben für eine Wissensvermittlung, vor allem innerhalb von Schule, pädagogisch nutzbar ist. Dazu werden Naturerlebnisse unter den Merkmalen von „Spielen", „Erleben" und „Lernen" in Kapitel 4.3. bis 4.5. als pädagogische Aspekte im Hinblick auf die Erlangung von neuem Wissen dargestellt. Bei diesem Vorhaben bin ich mir der Gefahr bewusst, dass eine derartig abstrakte Betrachtung eine praxisnahe Übertragung auf Naturerlebnisse problematisiert. Die gedankliche Herausforderung des Lesers soll daher durch die Verwendung von häufigen Parallelen und praktischen Vergleichen zur *Naturerlebnispädagogik* so gut wie möglich unterstützt werden.

Foto 1: Ganzheitliches Erleben von Holz: Holzxylophon

4.3. Der Begriff „Lernen“ beim Naturerleben

Göpfert weist darauf hin, dass „Lernen“ und „Naturerlebnis“ in Schule und Universität nicht in Verbindung gebracht würden.

> „Das *Naturerlebnis hat vorbereitende Bedeutung, Motivationswert, hinführenden Charakter (zum Lernen), dient als Ausgleich für (leidvolles) Lernen, als Belohnung, usw.* “.[79]

Ob sich die Assoziationen bestätigen lassen, soll im weiteren Verlauf dieses Kapitels erläutert werden. Dazu muss vorerst definiert werden, *was* es eigentlich bedeutet zu lernen und *wie* gelernt wird.

Unter „Lernen“ werden alle Prozesse verstanden, bei denen ein Lebewesen Informationen aus seiner Umwelt aufnimmt, speichert und später wieder verwendet. Gemeinsames Merkmal dieser Lernprozesse ist die Neubildung von *Erfahrung*. Erfahrung wiederum entspricht der Fähigkeit und Bereitschaft aus einer psychischen Disposition heraus bestimmte seelische und körperliche Verhaltensweisen oder Leistungen zu vollbringen.[80]

Die pädagogische Bedeutung des Erlebnisses zum Aneignen von Wissen wird auch als „Erfahrungslernen“ bezeichnet[81]. Ein Wissenszugewinn kann dabei aus eigener Erfahrung und mit den eigenen Möglichkeiten erzielt werden. Wissenserwerb heißt in diesem Zusammenhang, „etwas zu lernen“.

Lernprozesse in vier unterschiedlichen Phasen (n. Kaiser):[82]

Aufmerksamkeitsprozesse = Situationen und Zusammenhänge bewusst Wahrnehmen

↕

Gedächtnisprozesse = symbolische Repräsentation des beobachteten Verhaltens

↕

Motorische Prozesse = Äußerung im Verhalten

↕

Verstärkungs- / Motivationsprozesse = Aufmerksamkeit und Bewunderung beim Lernen

---

[79] Vgl. Göpfert, H. (1997)
[80] Vgl. Erdmann, Kh. und Drahts, M. (1992), S. 196 ff.
[81] Vgl. Kaiser, A. und Kaiser, R. (1996)

Um sich neues Wissen anzueignen, müssen alle diese Phasen durchlaufen werden. Der „Erfolg" hängt dabei vor allem von der Aufmerksamkeit und der Motivation beim Lernen ab. Diese beiden Merkmale können mit Unterrichtsdidaktik beeinflusst werden. Sie sind dabei der Schlüssel zur Aneignung neuer Informationen und somit zum Wissen.

Im Folgenden soll es das Ziel sein, die Einflussnahme des Naturerlebens auf die Phasen des Lernens zu untersuchen. Unterschiedliche Lernpsychologen haben versucht, Lernprozesse mit Theorien zu erklären.

Edelmann unterscheidet vier Grundformen des Lernens. Er nennt „assoziatives Lernen", „instrumentelles Lernen", „kognitives Lernen" und „Lernen durch Problemhandeln".[83] Das Zusammenspiel der Grundformen des Lernens bestimmt einen Lernprozess. Daher sind möglichst viele Lernarten in den schulischen Unterricht einzubeziehen.

Das kognitive Lernen stellt die Endstufe des Lernprozesses dar. In dieser wird neues Wissen gespeichert. Daher ist es besonders für den schulischen Unterricht von großer Bedeutung. Um Naturerleben in den schulischen Unterricht didaktisch integrieren zu können, muss es vor dem Hintergrund des kognitiven Lernprozesses geprüft werden. Daher soll im Folgenden auf das kognitive Lernen besonders ausführlich eingegangen werden. Mit dem kognitiven Lernprozess wird schließlich das „Lernen von Fähigkeiten wie z.B. Sinnverständnis, Einsicht, schlussfolgernden Denkens, planvolles Handeln und phantasievolles Problemlösen" ermöglicht.[84] Der Lernende wird in diesem kognitivem Lernprozess als aktives Wesen gesehen, das neue Informationen in sinnvoller Weise aufnimmt, verarbeitet und anwendet. Edelmann bezeichnet das kognitive Lernen auch als „Informationsaufnahme" und „-verarbeitung", die zum Aufbau einer kognitiven Struktur führt.

Edelmann führt dazu aus:

> *„Ein durch Lernen erlangtes Wissen bedeutet dabei die Kombination von denjenigen Begriffen, die aus der Erklärung von Zusammenhängen gebildet werden konnten".* [85]

Da beim kognitiven Lernen Wissen durch das Sammeln von Informationen (also das Kombinieren von *Begriffen*) erlangt wird, nennt man es auch das „Informationslernen". In Anlehnung an Kaiser soll das Modell vom „Informationslernen" vorgestellt werden.[86]

---

[82] Kaiser A. und Kaiser, R. (1996), S. 147
[83] Vgl. Edelmann, W. (1986)
[84] Erdmann, Kh. und Draths, M. (1992), S. 201
[85] Vgl. Edelmann, W. (1986)

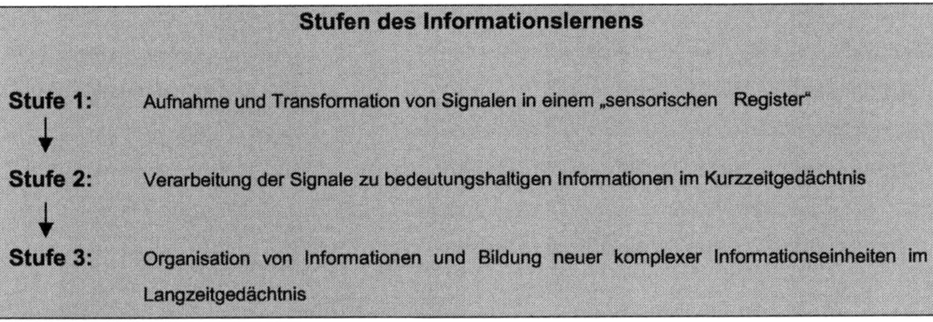

Stufen des Informationslernens

Stufe 1: Aufnahme und Transformation von Signalen in einem „sensorischen Register"

↓

Stufe 2: Verarbeitung der Signale zu bedeutungshaltigen Informationen im Kurzzeitgedächtnis

↓

Stufe 3: Organisation von Informationen und Bildung neuer komplexer Informationseinheiten im Langzeitgedächtnis

Die Stufen werden beim Erlernen neuer Informationen in einer ganz bestimmten Reihenfolge durchlaufen:

1. Im ersten Schritt erfolgt die Aufnahme der Signale und Reize im sensorischen Register. Dabei werden vor allem visuelle, akustische und sensorische Reize mit den menschlichen Organen aufgenommen.

2. Die Verarbeitung der Signale im zweiten Schritt wird auch als *„Entkodierung"* bezeichnet. Dabei wird Sinnesreizen, wie zum Beispiel Geruchs-, Form- und Farbwahrnehmung, eine Bedeutung zugeordnet. Wahrnehmung ist folglich nichts Passives.

3. Eine Orientierung bei der Wahrnehmung erfolgt durch zweierlei Muster, nämlich durch das „b*uttom-up*" und das „top-down"-Verfahren. Im ersten Verfahren baut das Kurzzeitgedächtnis aus den einzelnen Sinneseindrücken sukzessive das Wahrnehmungsbild auf. Sind die Sinneseindrücke sehr vielfältig und zugleich präzisierbar, so kann eine genauere Vorstellung aus der Wahrnehmung entstehen. In Ergänzung dazu werden beim „top-down-Verfahren" im Langzeitgedächtnis bereits vorhandene Muster und Strukturen aktiviert und mit einer neuen Wahrnehmung gekoppelt.

4. Die Wahrnehmungen werden zum Langzeitgedächtnis geleitet und dort aufgenommen. Die Muster des Langzeitgedächtnisses enthalten deklarative (= Wissens) Informationen und werden als executive (=Verfahrens) Informationen in Handlungen umgesetzt.

5. Da es sich aber um äußerst komplexe Abläufe handelt, führen die Muster und Informationen nicht immer zu Lösungen. Die Lernfähigkeit wird dabei mit der Fähigkeit verbessert, über sein Denkvermögen Bescheid zu wissen und über Strategien zu verfügen, die in Prozesse bewusst und reflexiv eingreifen können. Das schließt eine Planung, Steuerung und Kontrolle des Lernablaufes ein. Diese Fähigkeit wird auch als *„Metakognition"* (=Denken über Denkprozesse) bezeichnet.

[86] Kaiser, A. und Kaiser, R., (1996), S. 149-153

6. Als Ergebnis des Informationslernens erfolgt ein inhaltlicher Aufbau des Langzeitgedächtnisses in den *„Skripts“* (=Gedächtnisdateien). Das Skript fungiert dabei als eine Art Drehbuch, in dem sozialstrukturell und lebensweltlich bereitgestelltes Wissen sowie individuelle Erfahrungen über soziale Szenen gespeichert sind. Das zu einem Ereignis (z.B. Naturerlebnis) passende Skript wird von der Skriptüberschrift ausgewählt. Diese entspricht einer Art Zusammenfassung. Die folgende Abbildung soll das Prinzip des Informationslernens im Überblick zur Verdeutlichung darstellen:

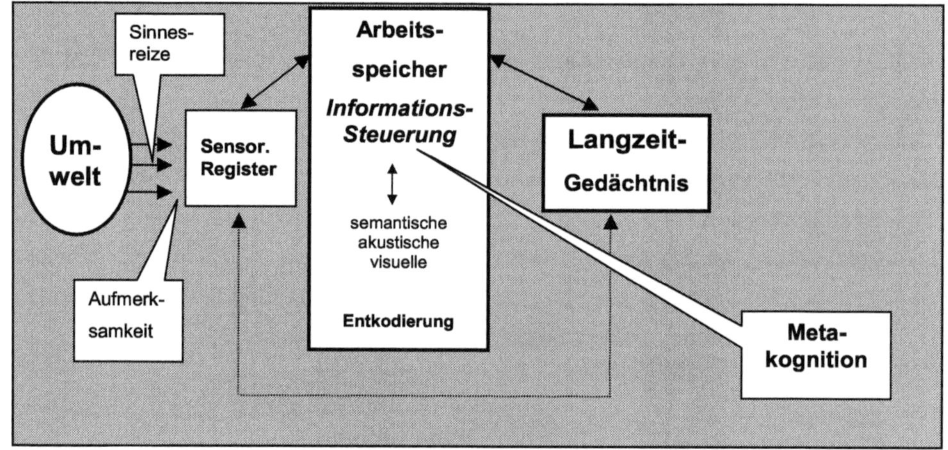

Abbildung 6: Das Modell vom Informationslernen

Die Darstellung vom Informationslernen verdeutlicht, dass Lernprozesse sehr vielfältig im Gehirn ablaufen. Da es sich lediglich um ein Modell handelt, wird damit jedoch nicht ausgedrückt, wie „intensiv“ oder „erfolgreich“ Lernprozesse sind. Daher muss die Wirkung eines Lernerfolges noch beschrieben werden. Piaget betrachtet dazu den Lernprozess aus entwicklungspsychologischer Sicht. Er teilt Lernprozesse in zwei Bereiche: „Assimilation“ und „Akkomodation". In der Assimilation wird auf bisher Bekanntes zurückgegriffen. Dabei kommt es zur Bestätigung und Verstärkung einer bereits vorhandenen kognitiven Struktur und einer Angleichung der vorhandenen Strukturen an das bisher Gelernte. In der Akkomodation wird eine neue kognitive Struktur aufgebaut.[87] Daher stellt sich die Wirksamkeit von Lernprozessen als das Zusammenspiel von Akkomodation und Assimilation dar. Erst wenn dieses Zusammenspiel im schulischen Unterricht erreicht werden kann, kann im Verständnis von Piaget auch gelernt werden. Eine Vorstellung vom „intensiven“ oder „wirklichen“ Lernen wird mit diesem Zusammenspiel verbunden.

In einem weiteren Schritt sollen unterschiedliche Lernprozesse bei der *Naturerlebnispädagogik* betrachtet werden. Dazu wird im Folgenden das Schaubild vom Informationslernen (Abbildung 6) in Verbindung mit Naturerleben gebracht. Es zeigt sich bei der Darstellung, dass Naturerleben einen mit zahlreichen Reizen ausgestatteter Zugang zur Informationssteuerung darstellt. Dadurch wird das sensorische Register sehr vielseitig angesprochen. Die Aufmerksamkeit ist beim Erleben in der Natur sehr groß, so dass zu vielfältigen Wahrnehmungen angeregt wird.

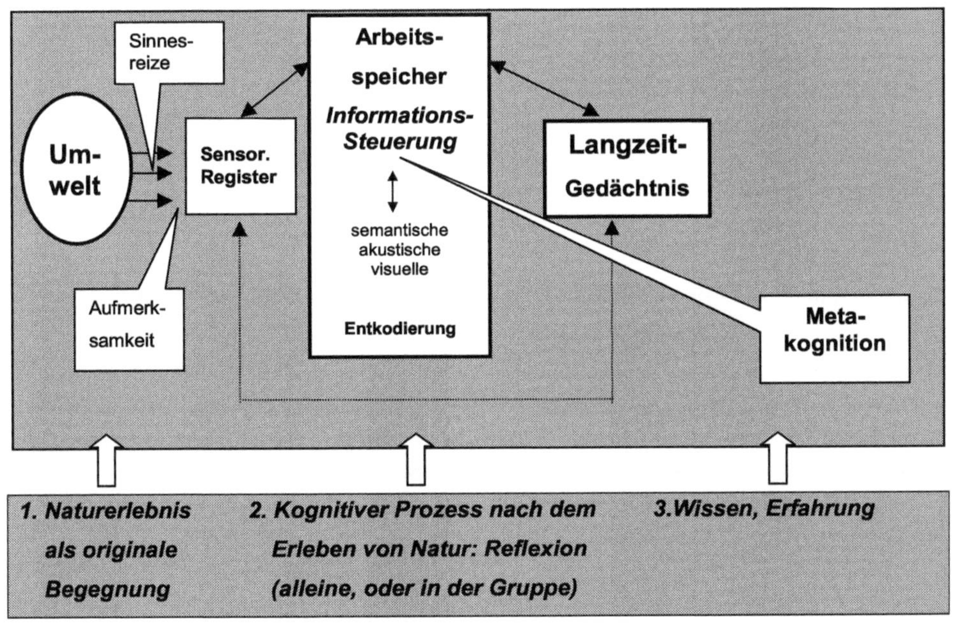

Abbildung 7: Naturerleben im Modell vom Informationslernen

[87] Vgl. Kaiser, A. und Kaiser, R. (1996)

Phasen des Lernens im Rahmen einer Naturerlebnispädagogik

1. Aufnahme von Signalen aus der Umwelt in einem sensorischen Register

Die Umwelt wird in originaler Weise mit unterschiedlichen Sinnen wahrgenommen. Die Signale der Umwelt lösen beim Naturerleben vielfältige Reize aus; daher wird das sensorische Register auf sehr unterschiedliche Art und Weise zur Wahrnehmung angeregt.

2. Verarbeitung der Signale zu bedeutungshaltigen Informationen im Kurzzeitgedächtnis durch Entkodierung.

In dieser Phase wird den Sinnesreizen eine Bedeutung zugeordnet. Dieses erfolgt zum einen durch den Rückgriff auf vorhandene Strukturen/Skripts im Langzeitgedächtnis. Zum anderen baut sich aus den einzelnen Sinneseindrücken sukzessive im Kurzzeitgedächtnis ein Wahrnehmungsbild auf. Da das Naturerlebnis einen äußerst starken Gefühlseindruck über Sinneseindrücke vermittelt, ist der Grad der Wahrnehmung sehr hoch. Die Aufmerksamkeit der Lernenden ist durch die Vielzahl der Eindrücke ebenfalls sehr hoch. Die Fähigkeit zur Entkodierung von Sinnesreizen hängt von den vorhandenen Skripts im Langzeitgedächtnis ab. Da jedoch durch das Naturerlebnis eine intensive Ansprache vieler sensorischer Kanäle erfolgt, rufen die Erfahrungen ein ausgeprägtes sensorisches Register hervor.

3. Organisation von Informationen und Bildung neuer komplexer Informationseinheiten (Skripts) im Langzeitgedächtnis.

Die Speicherung von Informationen vollzieht sich vor allem durch Übernahme sozialstrukturell und lebensweltlich bereitgestellten Wissens sowie mit der Verarbeitung individueller Erfahrungen und wesentlicher Informationen über soziale Szenen. Das Naturerlebnis ist ein besonders überraschender und starker Gefühlseindruck, der jedoch nur kurzzeitig wirkt. *Naturerlebnispädagogik* kann mit ihren Methoden die besonderen individuellen Erfahrungen ansprechen. Das Erlebnis in der Gruppe bringt zum anderen soziale Szenen mit ein.

4. Der „Lernerfolg" hängt (unter entwicklungspsychologischen Gesichtspunkten) an dem Zusammenspiel von Assimilation und Akkomodation.

Ein Lernerfolg entspricht der Fähigkeit, sich selber etwas Neues erklären zu können. Dazu ist es erforderlich, einen Lernprozess eigentätig und ergebnisreflektierend mit der Möglichkeit zu eigenen Wiederholungen durchführen zu können. *Naturerlebnispädagogik* stellt die unmittelbare Naturerfahrung in den Vordergrund. Dabei geht es vorerst nicht um eine Erklärung von Zusammenhängen, sondern vielmehr um die Mitteilung individueller Erlebnisse in der Gruppe. Dadurch werden Reflexionen ermöglicht.

Mit der Übersicht wird deutlich, dass *Naturerlebnispädagogik* einen Lernprozess beinhalten kann. So können Parallelen zwischen einzelnen Phasen des Modells vom Informationslernen als kognitiver Lernprozess und den möglichen Wirkungen und Dimensionen von Naturerleben hergestellt werden. Beim Naturerleben können ganz unterschiedliche Lernformen anregt werden, so dass dadurch vielfältige Lernprozesse ermöglicht werden.

Resümee zur Auslösung und Beeinflussung von Lernprozessen beim Naturerleben:

- Naturerlebnispädagogik kann Lernprozesse beinhalten. Die Naturbegegnung entspricht dabei der sensorischen Reizaufnahme der Umwelt als primäre Stufe zu vielseitigen Lernprozessen. Da es sich um eine originale Begegnung von Natur handelt, werden vielfältige Reize ausgelöst und viele Sinne angesprochen.
- Die Lernprozesse müssen über das Erlebnis hinaus pädagogisch betrachtet werden, um einen kognitiven Lernprozess anzuregen.
- Um „intensives Lernen“ im Sinne von Piaget herbeizuführen, muss *Naturerlebnispädagogik* einen Rahmen schaffen, in dem Erlebnisse selbsttätig ermöglicht und solange reflektiert und verarbeitet werden, bis sie zu eigenen Erkenntnissen (neuen Informationen) werden.

4.4. Das Spiel als Methode der *Naturerlebnispädagogik*

Das Spiel ist die methodisch am häufigsten angewendete Aktivität, mit der Naturerleben inszeniert wird. Naturerfahrungsspiele sind Grundlage für das Konzept „Flow Learning“ von Cornell. Auch Trommer und Janßen verbinden Naturerleben mit Spielen. Die Idee der *Naturerlebnispädagogik* greift somit das Spiel als die wesentliche Methode auf. Obwohl sich Spielen und Lernen nicht gegenseitig ausschließen sondern steigern können, wird die Methode des Spieles im schulischen Unterrichtsgeschehen kaum angewendet.[88] Zum Ende des 20. Jahrhunderts findet eine radikale Änderung des Spielverhaltens von Kindern statt. Konnte über mehrere Generationen ein vergleichbares freies Spielverhalten beobachtet werden, so hat sich dieses Verhalten in den letzten drei Jahrzehnten geändert. Kinder spielen heute kaum noch die kreativen Spiele der früheren Generationen.[89]

---

[88] Vgl. Riess, A. (1998)

Als mögliche Gründe für das veränderte Spielverhalten nennen Kersberg und Lackmann, dass erstens die verstädterte Umwelt kaum noch Möglichkeiten für kreative Spiele biete, zweitens das Angebot an vorgegebenen und somit fertigen Spielen die freien Spiele verdrängt habe und dass drittens schließlich in den institutionalisierten Bildungseinrichtungen wenig Zeit und Raum für das Spiel bliebe.[90]

Weiterhin hat sich in dieser Zeit auch die Familiensozialisation grundlegend verändert. Aus der Großfamilie ist die Kleinfamilie geworden. Dadurch haben sich auch die Rahmenbedingungen für Spiele so geändert, dass aus dem Geschwisterspiel das Einzelspiel geworden ist. Dem Spiel wird besonders in der Umweltbildung eine wichtige Bedeutung zugeschrieben, da es die Umwelt erlebbar mache.[91] Von verschiedenen Autoren wird auch betont, dass das Spiel im Leben von Kindern eine zentrale Rolle einnehme. Die Bedeutungsvielfalt im Leben von Kindern ist dabei vor dem Hintergrund unterschiedlicher Denkansätze besser zu verstehen. Deshalb sollen einige Spieltheorien und psychologisch-pädagogische Spielbedeutungen kurz aufgeführt und erläutert werden. Nach Horney und Lockenvitz können drei Spieltheorien unterschieden werden[92]:

Spieltheorien nach Horney und Lockenvitz[91]

Die psychoanalythische Spieltheorie geht davon aus, dass das Spiel eine Form der Verarbeitung von Erlebnissen aus dem Leben der Kinder ist. Im „Schonraum Spiel" können Realitäten verarbeitet werden: Spielerisch kann eine Scheinrealität geschaffen werden, in der neue Sicht- und Handlungsweisen spielerisch (für die Realität) erprobt werden.

Der sozialwissenschaftliche Bewältigungsansatz sieht die Funktion des Spieles im Zusammenhang mit Entwicklungs-, Lern- und Sozialisationsprozessen. Er ordnet das Spiel in den allgemeinen Rahmen der Sozialisation ein, in dem Erfahrungen gesammelt, Verhaltensmuster erlernt, der Umgang mit anderen Menschen (Kindern) geübt wird sowie Einblicke in soziale Strukturen gegeben werden. Soziale Verhaltensweisen können durch das Spiel gefördert werden. Spiele tragen allgemein zur Kreativitätsförderung und Freisetzung kindlicher Phantasie und Gestaltungsmöglichkeit bei.

Der phänomenologische Spielansatz ist auf das Spiel selbst gerichtet: Spiel als Ausdruck von Lebenskraft, Lebensfreude und Spaß. Es ist in diesem Bereich „Selbstzweck". Aktivitäten beim Spiel kommen dem Bewegungsbedürfnis der Kinder stark entgegen.

---

[89] Vgl. Behnken, I. und Zinnecker, J. (1987) und Opaschowski, H.W. (1990)
[90] Vgl. Kersberg, H. und Lackmann, U. (1994)
[91] Vgl. ebd.
[92] Vgl. Horney und Lockenvitz in: Kersberg, H. und Lackmann, U. (1994)

Petillon hat typische inhaltliche Gemeinsamkeiten von Spielen herausgefunden und in *vier Charakteristika des Spieles* zusammengefasst. Mit den besonders positiven pädagogischen Eigenarten des Spieles begründet Petillon schließlich seine Forderung, Spiele pädagogisch im Unterricht zu verwenden.[93]

Die Darstellung des Spieles anhand von vier Merkmalen

(nach Petillon, verändert[94])

„So tun als ob" beinhaltet die Chance, andere Verhaltensweisen auszuprobieren, ohne dass ein mögliches „Fehlverhalten" von der sozialen Umgebung zur Rechenschaft gezogen würde. Die Spieler treten mit dem „So tun als ob" in eine Distanz zur Wirklichkeit und können dadurch ihrer Phantasie folgen.

Positive Emotionen: Im Spiel wird Befriedigung erlangt, die aus dem intensiven Sich-Einlassen in Verbindung mit Geduld, Einfühlungsvermögen und dem Ergeiz, einen anspruchsvollen Spielausgang zu erzielen, resultiert.

Mittel vor Zweck: Spielen läuft zweckunbewusst ab. Dieses wird auch als „Moment der Gegenwärtigkeit" bezeichnet. Das Spiel zieht seine Kraft, Dynamik und Spannung alleine aus seinem Vollzug.

Intrinsische Motivation: Die Motivation, in hoher Intensität zu handeln, resultiert aus dem Spiel selbst. Das Spiel spricht Neugierde an, schafft Überraschungen, stimuliert ein Problemlösungsverhalten und enthält Momente von Ungewissheit und Risiko.

An diesen vier Merkmalen wird die besonders positive methodische Wirkung des Spieles für den Unterricht deutlich. Folglich können Spiele für Kinder auch ein wesentliches Mittel der Auseinandersetzung mit ihrer Umwelt sein. Charakteristisch sind besonders im Zusammenhang mit Naturerleben die Bestimmtheit des Tuns und die Sinnlichkeit der Erfahrung. Spiele im Rahmen von Umweltbildung sind eindeutig mit einer pädagogischen Absicht verknüpft. Sie sind somit nicht mit den „Spontanspielen" der Kinder mit zufälligen Inhalten und Regeln vergleichbar. Kersberg und Lackmann weisen darauf hin, dass ein Konflikt in der Diskussion „um den pädagogischen Wert des Lernspiels" bestünde. So sollten didaktische Absichten gepaart sein mit spontanem Spielspaß und natürlicher Spannung.

---

[93] Petillon, H. (1997), S. 14 ff.

[94] Vgl. Spielbegriff nach Petillon, H. (1997) in seinem Buch: „Von Adlerauge und Zauberbaum - 1000 Spiele für die Grundschule".

Eine ähnliche Diskussion ergab sich bereits in der Betrachtung des „pädagogischen Wertes von Erlebnissen" (vgl. Kapitel 4.). Kersberg und Lackmann stellen eindeutig fest, dass das Spiel in der Umweltbildung auch immer mit „Lernen" im Sinne der Ziele „Umweltbewusstein und Handlungskompetenz" verbunden sei.[95]

Weil mit Spielen die Umwelt erlebbar gemacht werden kann, sind sie auch für einen Zugang zum Naturerleben eine besonders geeignete methodische Möglichkeit. Das Spiel regt zur Neugierde an und erzeugt eine besonders hohe Motivation für weiterführende Aktivitäten. Als Beispiel hierfür dienen „Ökologiespiele". In diesen werden Rollen verteilt, in denen die Mitspieler eigentätig ökologische Zusammenhänge spielerisch simulieren können. Durch ihre eigenen Entscheidungen können sie spielerisch in überschaubarer Zeit vereinfacht das erleben, was in der Natur als biologische Phänomene in sehr viel längeren und unüberschaubaren Abschnitten abläuft. Die Bedeutung des Wirkens und der Veränderung von Einflussfaktoren (z.B. Räuber-Beute-Beziehungen) in dem komplexen Ökosystem wird auf spielerische Weise in kürzester Zeit erlebt. Somit werden mögliche Einflüsse des menschlichen Tuns in der Natur simuliert und spielerisch nachvollziehbar. Dieses wurde als ein wesentlicher Faktor im Zusammenhang mit der ökologischen Bewusstseinsbildung von Fietkau genannt.[96]

Bei den Spielen werden verschiedene Spielformen unterschieden. Mögliche Abgrenzungen lassen sich zwischen Naturerfahrungsspielen, Rollenspielen und Planspielen vornehmen; sie unterscheiden sich vor allem anhand der unterschiedlichen *didaktischen Zielsetzung:*

- In der Naturerfahrung steht als Ziel das Erleben, Beobachten und Beschreiben von Natur und Umwelt im Vordergrund.

- Rollen- und Planspiele simulieren die „Wirklichkeit". Diese „gespielte Realität" versetzt die Schüler für den Zeitraum des Spieles in die „tatsächliche Realität", die es erlaubt, Handlungsmöglichkeiten auszuprobieren und sich mit verschiedenen Meinungen und Positionen auseinander zu setzen.

---

[95] Vgl. Kersberg, H. , Lackmann, U. (1994)
[96] Vgl. Fietkau, 1984 in: Erdmann, Kh. und Wehner, G. (1996)

Im ausschließlichen Naturerlebnis können keine komplexeren ökologischen Zusammenhänge problemorientiert dargestellt werden. Mit dem Spiel als Methode wird jedoch die Simulation von Problemfeldern möglich. In „Ökologiespielen“ oder anderen Modellspielen werden von den Teilnehmern komplexe Problemlösungen verlangt (vgl. Konzept der Rucksackschule von Trommer, Kapitel 3). Mit der geforderten Eigenschaft des „*So-tun-als-ob*“ im Spiel sind unterschiedliche Lösungen möglich. Dadurch können Naturerfahrungsspiele mit ihren Spielergebnissen zeigen, ob das Spielverhalten positiv oder negativ im Sinne einer ökologischen Handlungsmotivation war.

Bedeutung des Spieles in der *Naturerlebnispädagogik*

- Spiele dienen der Inszenierung von Erlebnissituationen, und sie haben für die *Naturerlebnispädagogik* eine zentrale methodische Bedeutung.
- Spiele im Rahmen von *Naturerlebnispädagogik* sind zwar mit einer pädagogischen Absicht verknüpft, sollten aber auch den spontanen Spielspaß der Schüler ermöglichen.
- Komplexe biologische Phänomene können mit der Methode des Spieles in der *Naturerlebnispädagogik* anschaulich dargestellt werden. Zu spielen heißt somit auch immer zu lernen.
- Beim Spiel werden unterschiedliche Spielformen unterschieden. In der *Naturerlebnispädagogik* können Naturerfahrungsspiele, Rollen- und Planspiele durchgeführt werden.

4.5. Das „Erlebnis“ in der Pädagogik

Das Erlebnis selbst stellt ebenfalls einen „methodischen Grundbegriff der modernen Pädagogik dar“.[97] Es darf somit bei der Betrachtung von *Naturerlebnispädagogik* nicht fehlen. *Wilhelm Dilthey* hat den pädagogischen Wert in seinem „*Erlebnisbegriff*“ festgehalten.[98] Er verweist darauf, dass das „Erlebnis“ immer auch nach einem „Ausdruck“ und einem „Verstehen“ verlange. Dieses wird auch als „Dreischritt“ bezeichnet und beschreibt damit das Zusammenwirken von Erleben – Ausdrücken - Verstehen.

---

[97] Petersen, D. (1998), S. 6

[98] Vgl. Petersen, D. (1998): Wilhelm Dilthey (1833-1911) beschäftigte sich mit der Lebensphilosophie. Er sah in dem Erlebnis eine zentrale Stellung im menschlichen Leben, das zur höchsten Stufe, der Weisheit, führen kann. Seinen Erlebnisbegriff begründete er mit den sieben Merkmalen des Erlebens.

Der Dreischritt stelle die Grundlage des menschlichen Handelns dar und solle zum wesentlichen methodisch-didaktischen Prinzip in der Bildung werden.[99] „Erlebnisse zu sammeln“ kann als ein natürliches menschliches Bedürfnis im weiteren Sinne verstanden werden. Dieses alleine führt jedoch noch nicht zur Aneignung von Wissen. Es stellt vorerst einen subjektiven Eindruck dar, der zur späteren Aneignung von Wissen motivieren kann. Dabei kann jedoch bereits aus der Verarbeitung und Reflexion des Erlebnisses ein kognitiver Lernprozess angeregt und Erfahrung und Wissen angeeignet werden (vgl. Kapitel 4.3.).

Neubert führt 1930 in ihrem Buch „Erlebnis in der Pädagogik“ [100] aus:

> *„Das Erlebnis überfällt und ist somit unmittelbar, ohne dass es erdacht oder verstanden werden muss. Mit ihm wird das betroffene Individuum selbst erfasst.“*

Sie beschreibt das Erlebnis konkret an verschiedenen Merkmalen:

1.) Das Erlebnis stellt ein mehrseitiges Spannungsgefüge des Menschen dar. So bedeutet ein Erlebnis auch immer „Totalität“, da mit ihm die ganzheitliche Betroffenheit ausgelöst wird.
2.) Im Erlebnis liegt ein Subjekt-Objekt-Bezug vor, die Ich-Bezogenheit ist dabei an die umgebende Welt gekoppelt. Es kommt zur Aufhebung von Subjekt und Objekt; beides stellt schließlich eine Einheit dar.
3.) Im Erleben liegt das Wechselspiel zwischen Allgemeingültigkeit und Individualität des Erlebnisses. Das bedeutet, dass der vom Erlebnis Betroffene nicht weiß, ob das Erlebnis immer wieder als Phänomen auftaucht, oder ob es individuell und einmalig ist.
4.) Dadurch wird eine hohe Motivation zur Beantwortung dieses Wechselspieles erzeugt. Dieses erfordert Lernprozesse, die angeregt werden.
5.) Das Erlebnis bewirkt einen Willensimpuls, der sich im Ausdrucks und/oder der Handlung entladen kann. Dieses wird auch als Objektivationsdrang bezeichnet.

Das Verlangen nach Handlung und Ausdruck kann entweder im Spiel selber und auch in pflegerischer oder gestalterischer Aktivität in der Natur befriedigt werden. Dieses erklärt beispielsweise die didaktische Integration des Pflegerischen im Modell vom Ganzheitlichen Lernen.[101]

---

[99] Vgl. ebd
[100] Vgl. Neubert, W. (1990)
[101] Vgl. Göpfert, H. (1994)

4.5.1. Das „Erlebnis" in der Naturerlebnispädagogik

In der *Naturerlebnispädagogik* stellt die Verbindung von Spiel und Erlebnis die Bedeutsamkeit von Phänomenen in der Natur und ökologischen Zusammenhängen heraus. Das Erlebte wird nach dem erlebnispädagogischen Verständnis subjektiv verinnerlicht. Ziegenspeck geht auf die Besonderheit von Erlebnissen ein und führt dazu aus:

> *„Mit dem Erleben geht schließlich das subjektive Innewerden von Vorgängen, die als bedeutsam erlebt werden, einher".*[102]

Das Erlebnis in der Natur entspricht dabei einer originalen Begegnung. Dadurch wird das Naturerlebnis als realer Eindruck als „besonders bedeutsam" aufgenommen. Die Natur ermöglicht dabei eine durch kein anderes Medium ersetzbare Vielfalt der Eindrücke.

„Das Erlebnis" beim Naturerleben:

- *Naturerlebnispädagogik* kann die Bedeutsamkeit von ökologischen Zusammenhängen anhand des Erlebens von Natur aufzeigen. Bleibt es bei dieser Stufe, so werden keine weiterführenden Lernergebnisse erzielt. Wird jedoch das als bedeutsam Erlebte in den Unterricht integriert und dort weiter thematisiert, so kann die hohe Lernmotivation genutzt werden, um auf den bislang erzeugten Erlebnissen aufzubauen und neues Wissen zu vermitteln.
- Das Erleben von Natur findet als originale Begegnung mit Natur statt. Die Natur ermöglicht dabei eine durch kein anderes Medium ersetzbare Vielfalt von Eindrücken, die Reize im sensorischen Register auslösen.

[102] Vgl. Ziegenspeck, J. (1999)

4.5.2. Das „Erlebnis“ in der Reformpädagogik

Den einzelnen Richtungen der reformpädagogischen Bewegung ist es gemeinsam, dass sie als pädagogische Initiativen in der Art einer Gegenbewegung die „alte Schule“ überwinden wollten. Damit sollte Schule im tradierten institutionalisierten Bildungssystem geändert werden. Sie forderten einen umfassenden Bildungsbegriff, unter dem die schulische Erziehung „vom Kinde aus“ organisiert und somit an der Gesamtpersönlichkeit des Schülers orientiert sein sollte. Die „neue Schule“ legte Wert auf Freiheit, Lebensnähe, Schulleben, Natürlichkeit und Schüleraktivität.
Dem Begriff „Erleben“ ist dabei in allen reformpädagogischen Bewegungen eine zentrale didaktische Bedeutung zugekommen. Das Erlebnis trat dabei nicht als einziges methodisches Prinzip an die Stelle des üblichen Lernens. Das „verstehende Erleben sollte als Mittel zur Überwindung der alten Schule eingesetzt werden“ . [103]
Bauer führt dazu an:

> *„Der Mensch in seiner Ganzheit und Erziehung in der Gemeinschaft sind Kerngedanken der Reformpädagogik, in der das „Erleben“ neuen Raum und neue Bedeutung gewinnt, wenn auch in noch immer unterschiedlichen inhaltlichen wie didaktischen Formen und verschiedenen Betonungen menschlicher Lern- und Entwicklungspotentiale, wie die Einzelströmungen der Reformpädagogik aufzeigen.“* [104]

In welcher Form sich das Erlebnis in den Ansätzen der Reformpädagogik widerspiegelt, soll anhand ausgewählter Beispiele deutlich werden. Dafür werden die Ansätze von Pestalozzi, Montessori, Freinet und Hahn ausgewählt und sollen unter diesem Aspekt betrachtet werden.

Pestalozzi[105] gehört eigentlich nicht zu den „klassischen Reformpädagogen“. Er lebte bereits 100 Jahre vor der Zeit der reformpädagogischen Ansätze. Seine Pädagogik hat jedoch wesentliche und wichtige Impulse zum pädagogischen Aufbruch am Ende des 19. Jahrhunderts gegeben. Pestalozzi machte es sich zum Ziel, mit seinen pädagogischen Ansätzen zu einer „Vermenschlichung der Gesellschaft“ beizutragen. Er vertrat die Kernthese, dass jeder Mensch eine Willenskraft und die Fähigkeit zur Beeinflussung des

---

[103] Vgl. Seyfarth-Stubenrauch, M. und Skiera, E. (1996)
[104] Bauer, H. G. 1996, in: Petersen, D. (1998), S. 11

eigenen biographischen Verhaltens habe. Darauf baute er seine Pädagogik auf. Er formulierte als „pädagogisches Ziel“, dass jeder selbst einen Anteil an der eigenen Persönlichkeitsbildung nehmen soll, um damit Einfluss an den Umständen nehmen zu können, die auf ihn wirken[106]. In Kurzform verbirgt sich dahinter die Aussage, dass jeder sein Schicksal selber in der Hand hält und dieses somit auch beeinflussen kann. Zu der Fähigkeit, diese Erkenntnis umzusetzen, sollte die Pestalozzi-Pädagogik dienen. Pestalozzi bestimmte drei Stufen seiner Pädagogik, die zur Vermenschlichung führen könne.

Pestalozzi`s „Stufen der sittlichen Elementarbildung“ stellen sich dar als:

1. Erzielung einer sittlichen Gemütsstimmung durch reine Gefühle.
2. Sittliche Übungen durch Selbstüberwindung und Anstrengung in dem, was recht und gut ist.
3. Bewirkung einer sittlichen Ansicht durch das Nachdenken und Vergleichen.[107]

Die methodischen Inhalte werden in der späteren reformpädagogischen Bewegung zu einem *„Lernen mit Herz, Hand und Kopf“*. Dieser pädagogische Grundsatz findet sich in allen postmodernen (schulischen) didaktischen Ansätzen wieder. Sowohl das Verständnis einer Erlebnispädagogik[108], als auch die unterschiedlichen Konzepte der Umweltbildung beziehen das Lernen mit Herz, Hand und Kopf“ ein.[109]

Vergleich der Pestalozzi-Pädagogik mit *Naturerlebnispdädagogik*

- Der Grundsatz der Pestalozzi-Pädagogik, das Lernen mit Herz, Hand und Kopf, findet sich auch in meiner Idee der *Naturerlebnispädagogik* wieder.
- Naturerlebnisse erzeugen ein „subjektives Innewerden mit Natur“ So wird mit der gezielten Ansprache der Sinne zur Wahrnehmung von Ästhetik angeregt.
- Ein „Lernen mit der Hand“ kann auf Naturerleben übertragen werden, da hier erlebnisbezogene motorische Übungen und Spiele stattfinden.
- „Lernen mit dem Kopf“ findet nach dem unmittelbaren Erlebnis in der Natur statt. So regen die erlebnisbezogenen Aktivitäten dazu an, das Erlebte „zu verstehen“. Zum Teil werden komplexe Zusammenhänge selbsttätig in „Ökologiespielen“ verdeutlicht. Zum anderen Teil kommt es in der *Naturerlebnispädagogik* zu verbalen Erklärungen durch den Anleitenden.

---

[105] Johann Heinrich Pestalozzi lebte von 1746 bis 1827.
[106] Vgl. Friedrich, L. (1991)
[107] Friedrich, L. (1991), S. 13
[108] Ziegenspeck, J. (1992), S. 142
[109] Kalff, M. (1994), S. 33

Montessori [110] prägt den Begriff einer „Pädagogik vom Kinde aus". Aus ihren positiven pädagogischen Erfahrungen mit sinnesgestörten und geistig zurückgebliebenen Kindern entwickelte sie ab 1897 diese Pädagogik, die auch heute noch weltweit große Bedeutung hat. In dem pädagogischen Verständnis von Montessori „ist das Kind nicht mehr Objekt der Erziehung, sondern Subjekt, das den Schlüssel zu seinem individuellen Dasein in sich hat". Der Lehrer oder Erzieher tritt als Anwalt des Kindes ausschließlich helfend in den Hintergrund des pädagogischen Geschehens.[111] Montessori hat in Anlehnung an die Ergebnisse eines holländischen Gelehrten festgestellt, dass jedes Kind Phasen durchläuft, in denen es für bestimmte Lernvorgänge besonders empfänglich ist. Diese bezeichnet sie auch als „sensible Perioden". Eine Pädagogik vom Kinde aus berücksichtigt diese Perioden in ihren didaktischen Planungen und differenziert entsprechend. Mit der „Polarisation der Aufmerksamkeit" spricht Montessori an, dass es ein kindliches Bedürfnis sei, seine freie und aktive Bindung des Geistes an einen Gegenstand herzustellen. Dieser Gegenstand sollte frei vom Kinde gewählt und beliebig oft benutzt werden. Mit dem Greifen und Ausprobieren des Gegenstandes gehe ein Begreifen einher. Montessori entwickelte bestimmte Materialien, die für ihre Lernübungen und Aktivitäten zur Hilfestellung benutzt werden. Sie bezeichnete diese Materialien als „Schlüssel zur Welt, mit dem das Kind seine chaotischen und unverarbeiteten Eindrücke ordnet, strukturiert und verstehen lernt". Die Materialien sollten dem Kind auch dazu dienen, durch selbsttätigen Umgang individuelle Erfahrungen zu machen, die Natur zu verstehen und sich in ihr zurecht zu finden[112]. Die Hilfsmaterialien, die für die Naturerlebnispädagogik genutzt werden, um Erlebnisse in der Natur zu ermöglichen und gleichzeitig Zusammenhänge zu erkennen, haben eine ähnliche Bedeutung. Sie haben den selben didaktischen Verwendungszweck wie die Montessori-Materialien. So werden einfache Hilfsmittel bei den Konzepten von Trommer und Cornell Grundlage für die meisten Übungen und Spiele zum Naturerleben. In der Montessori-Pädagogik spielt die Umwelt eine elementare Rolle. So soll in dem pädagogischen Schwerpunkt der „Kosmischen Erziehung" ein Bewusstsein für die individuelle Selbstverantwortung gegenüber der Natur geweckt werden. Das Ziel stellt nicht die kognitive Wissensvermittlung sondern die kreative Selbsterfahrung mit Natur und Technik dar. Die Erlebnisfreude steht dabei im Vordergrund, darüber hinaus aber auch die Erfahrung der Wechselwirkung von Naturgesetzen und die Erkenntnis des bewussten menschlichen Eingreifens in der Natur. Somit werden „Schauen" und „Erleben" zu Kernelementen der

---

[110] Maria Montessori lebte von 1870 bis 1952 in Italien.
[111] Hane, W. (1994), S. 20

Montessori-Pädagogik. „Über die Sinne sammelt das Kind Eindrücke von den Dingen und entwickelt darüber hinaus eigenes Denken und Empfinden“[113]. *Naturerlebnispädagogik* zeigt einige Gemeinsamkeiten mit der Pädagogik von Montessori. So ergibt eine Gegenüberstellung folgendes Ergebnis:

Vergleich von Montessori-Pädagogik mit *Naturerlebnispädagogik*

- Montessori stellt in den Mittelpunkt ihrer Pädagogik das Kind und lässt dieses zum Subjekt werden. *Naturerlebnispädagogik* greift dieses ebenfalls auf. So schafft Pädagogik nur den Rahmen zum Naturerleben. Das Erlebnis als solches wird individuell und aktiv von den Teilnehmern wahrgenommen.
- Über die Sinne werden in beiden pädagogischen Ansätzen Eindrücke von Dingen gesammelt und eigenes Denken und Empfinden angeregt. Der Gebrauch der Sinne ist gemeinsames zentrales Element.
- Materialien leisten beim Entdecken und Empfinden Hilfestellung. Sie werden als „Schlüssel zur Welt“ verstanden. Während Montessori Lernmaterialien aufgreift, benutzt *Naturerlebnispädagogik* einfache Materialien für Erfahrungsübungen und Ökologiespiele.

Freinet [114] begann ab 1920 in Frankreich damit, im Rahmen seiner Tätigkeit als Dorfschullehrer die traditionellen Bedingungen des Unterrichts zu verändern. Sein Anliegen war es, eine Schule zu schaffen, die dem Leben des Dorfes zugewandt ist und umgekehrt alle Formen und Komponenten des dörflichen Lebens enthalten soll. Dabei sollte die Schule alle nur denkbaren Einflüsse aus dem Arbeitsprozess und dem Alltagsleben absorbieren und in kindgerechter Form zu Lerninhalten und schulischen Arbeitstechniken transformieren. [115] Ziel sollte es sein, durch Partizipation zwischen dörflichem Alltagsleben und Schule ein genossenschaftlich-demokratisches Leben zu erlernen.

---

[112] ebd. S. 16
[113] Vgl. Hane, W. (1994)
[114] Celestine Freinet lebte von 1896 bis 1966 in Frankreich.
[115] Vgl. Wichmann, J. (1992)

Die Arbeit ist für die Erreichung des Zieles ein zentraler Begriff für Freinet. Er war vor allem bestrebt, die Bedeutung von Arbeit für die Entwicklung der Persönlichkeit und für die Befriedigung der materiellen und geistigen Bedürfnisse des Menschen hervorzuheben. Arbeit im Sinne von Freinet war ein Tätigsein, dass den natürlichen Bedürfnissen des Individuums entspricht. Das Miteinander wurde dabei in den Gedanken einer Genossenschaft ausgedrückt. So war die Gemeinschaft auch das zur Arbeit stimulierende Element. Die Verbindung von Arbeit und Schule stellt auch heute noch das Zentrum der Freinet-Pädagogik dar. Die Arbeit kann dabei als ein Prozess gestaltet werden, der die Sinne der Schüler anspricht, der geistige und praktische Anstrengung erfordert, der Entdecken und Erforschen gewährleistet und der durch sein Arbeitsergebnis Bestätigung und Ansporn zugleich bringt. Die „Freinet-Druckerei“, mit der Schulbücher und Lernmaterialien selber hergestellt werden, wird in heutiger Zeit in immer mehr Schulen verwendet. So verbindet sie Arbeit und Lernen in beispielhafter Form miteinander.

Wo lassen sich Bezüge der Freinet-Pädagogik zum Erleben herstellen? Es kommt in dem pädagogischen Ansatz von Freinet besonders auf das Erleben von Arbeit als etwas Alltägliches aber auch als etwas Sinnstiftendes an. Wichmann stellt „die Arbeit dabei als das Erlebnis“ der Freinet-Pädagogik heraus. [116] Bezieht man das „Arbeits-Erleben“ auf *Naturerlebnispädagogik* so erscheint dieses vorerst paradox. Natur und Arbeit schließen sich bereits von ihrer begrifflichen Bedeutung aus. Zumindest Natur im Sinne von unberührter Wildnis (vgl. Trommer, Kapitel 3). Der Mensch als Teil der Natur kann jedoch durchaus erlebend durch Arbeit in der Natur praktizieren. Diese Verbindung wird besonders in Jugendwaldheimen[117] geschaffen und stellt dort ein wesentliches Prinzip dar. Dabei werden gemeinschaftliche Arbeiten in der Natur zur Sensibilisierung für diese genutzt.

Vergleich der Freinet-Pädagogik mit *Naturerlebnispädagogik*

- *Naturerlebnispädagogik* kann „Arbeit als Erlebnis“ im Sinne von Freinet durch gemeinschaftliche praktische Umweltschutzmaßnahmen aufgreifen. Die Vorstellung von „Naturerleben“ ist bei diesem Ansatz erweitert und muss anthroposophisch als „Umwelterleben“ die menschliche Tätigkeit mit einbeziehen.

[116] Vgl. ebd.

[117] Jugendwaldheime werden von den Forstverwaltungen der Länder betrieben. In ihnen lwohnen Schulklassen ein bis zwei Wochen und „erarbeiten“ sich dabei ihren Unterhalt durch praktische forstwirtschaftliche Aktivitäten selber.

Kurt Hahn [118] wird vielfach als der „Vater der modernen **Erlebnispädagogik**“ bezeichnet. Er entwickelte das Konzept der „Erlebnistherapie“, mit der Abhilfe von den damaligen schulischen und gesellschaftlichen Defiziten geschaffen werden sollte. Mit dem Leitsatz „einer Erziehung zur Verantwortung durch Verantwortung“ sollten die Jugendlichen schon in der Schule darauf vorbereitet werden, im späteren Leben aus ihrer Persönlichkeit heraus für sich und andere Verantwortung übernehmen zu können. Das erzieherische Mittel dabei war die Kombination von den vier Elementen: Körperliches Training, Projekt, Expedition, Rettungsdienst. Wesentlich ist dabei die Verknüpfung der vier Grundelemente unter dem gemeinsamen Motiv des Erlebnisses, das pädagogisch vorgeplant ist. Die Elemente sind dabei nicht Ziel oder Selbstzweck, sondern lediglich das Mittel zur Erziehung verantwortungsbewusster Menschen. Bei der Erlebnispädagogik werden heute indoor- und outdoor-Aktivitäten unterschieden. So stellt der Besuch eines Museums eine erlebnispädagogische indoor-Aktivität dar, während die Bergwanderung eine klassische outdoor-Aktivität beinhaltet.
Ökologische Belange tauchen im Erziehungskonzept von Hahn nicht unmittelbar auf. Trotzdem wird das Erlebnis in der Natur zum zentralen Motor bei der erzieherischen Absicht der Erlebnistherapie. Die Bedeutung von Natur lässt sich dabei jedoch auf die eines Mediums beschränken, das den Rahmen von Erlebnissen vorgibt. Die inhaltlichen Dimensionen von *Naturerlebnispädagogik* werden jedoch in dem Ansatz von Hahn angedeutet. Breß weist in diesem Zusammenhang darauf hin, dass es plausibel erscheine, dass eine Pädagogik, die vorwiegend im Unterrichtsraum Natur stattfindet und sich dem Rettungsgedanken und der Erziehung zur Verantwortung verpflichtet, insbesondere die „Rettung der Natur“ in ihre Zielsetzung integriere.[119]
Die heutigen Vorstellungen der Erlebnispädagogik unterstützen die Auffassung von Breß. Sie schließen in ihren offenen Definitionen Ziele der Erlebnispädagogik ein, die genauso Ziele der Umweltbildung sein können, sofern diese Thematik angesprochen wird. Gemeinsame Schlüsselbegriffe, die in den Zielen verankert sind, ergeben die Wörter: „Wertmaßstäbe“, „Haltungen“, neue „Raum- und Zeitperspektiven“. Zwei Definitionen zu einem Verständnis von Erlebnispädagogik sollen diese Betrachtung abschließen.

So definieren Ziegenspeck und Fischer die „moderne Erlebnispädagogik":

[118] Kurt Hahn lebte von 1886-1974. Er gilt neben Fröbel und Lietz als Begründer der Landerziehungsheime und gründete selber das Landerziehungsheim in Salem am Bodensee.

Ziegenspeck sieht in der Erlebnispädagogik das:

> *„...unmittelbares Lernen mit Herz, Hand und Verstand in Erstsituationen und mit kreativen Problemlösungsansätzen und sozialem Aufforderungscharakter, die den Anspruchsrahmen erzieherisch definierter, verantwortbarer und auf eine praktische Umsetzung ausgerichteter Überlegungen bilden, die individuelle und gruppenbezogene Veränderungen von Haltungen und Wertmaßstäben ausgerichtet sind und durch sie veranlasst und begründet werden."*[120]

Fischer reflektiert anhand der Merkmale erlebnispädagogischer Prozesse wie folgt:

> *„Erziehung im engeren Sinne der Erlebnispädagogik ist zielgerichtete und auf Ganzheitlichkeit angelegte Planung, Vorbereitung, Durchführung und Auswertung erlebnispädagogischer Prozessgestaltung mit dem Ziel, Selbst- und Umweltveränderungen im emotionalen, motivationalen, sozial-kognitiven und praktisch-aktionalen Kontext zu verwirklichen".*[121]

Vergleich der Erlebnispädagogik mit *Naturerlebnispädagogik*

- Erlebnispädagogik nutzt Natur als Rahmen von Erlebnissen, um diese pädagogisch zur Veränderung von Wertmaßstäben und Verantwortungsbewusstsein nutzen zu können. Obwohl Natur primär nur als Kulisse dient, können sich gemeinsame Ziele von *Naturerlebnispädagogik* und Erlebnispädagogik feststellen lassen. So kann sich das Verantwortungsbewusstsein auch auf das Schützen von Natur erstrecken.

Zusammenfassende Vergleiche von Reformpädagogik mit *Naturerlebnispädagogik*

- Die reformpädagogischen Ansätze sehen „Natur" als ein zentrales Element ihrer Pädagogik. Zum Teil stellt diese nur das Medium dar, das zur Verwirklichung anderer pädagogischer Absichten dient (z.B. Erlebnispädagogik).
- Pestalozzis Lernen mit Herz, Hand und Kopf ist in *Naturerlebnispädagogik* sowie in den Konzepten von Umweltbildung Grundlage der Didaktik.
- Bei Montessori und Pestalozzi wird deutlich, dass ihre „Pädagogik vom Kinde aus" und die „Stufen der Vermenschlichung" auch die Bewusstseinsbildung einer naturverträglichen und naturbewussten Verhaltensweise eingehen. Dadurch verfolgen sie unter anderem Ziele, die mit denen von Umweltbildung vergleichbar sind.

---

[119] Breß, 1994, in: Muff, A. (1997), S. 24
[120] Ziegenspeck, J. (1992), S. 142
[121] Fischer, T. (1996), S. 77

5. Naturerlebnispädagogik und Schule

Bislang sind in diesem Buch die theoretischen Hintergründe von Naturerlebnispädagogik dargestellt worden. Nunmehr sollen konkrete Umsetzungsmöglichkeiten von Naturerlebnispädagogik innerhalb von Schule vorgestellt und erläutert werden.

5.1. Naturerlebnispädagogik und Rahmenrichtlinien

Die Grundlage für die Verankerung von Umweltbildung im schulischen Unterricht stellt der Beschluß der Kultusministerkonferenz (KMK) vom 17.10. 1980 dar (vgl. Kapitel 2.2). Dort heißt es:

> „Die Schule soll durch Vermittlung von Einsichten in die komplexen Zusammenhänge unserer Umwelt die Probleme aufzeigen, die aus ihrer Veränderung entstehen. Es soll versucht werden, durch solche Einsichten ein Umweltbewusstein zu entwickeln. Die Ziele der Umwelterziehung können an verschiedenen Inhalten in mehreren Fächern oder in fächerübergreifenden Unterrichtsveranstaltungen verwirklicht werden. Insofern ist Umwelterziehung ein fächerübergreifendes Unterrichtsprinzip, das in gleicher Weise den naturwissenschaftlichen wie den gesellschaftswissenschaftlichen Unterrichtsbereich durchdringt. Die Kultusminister und –senatoren der Länder kommen überein, für die Umsetzung dieser Grundsätze und Ziele Sorge zu tragen. “ [122]

Die Durchführungsbestimmungen für diesen vorerst sehr global gefassten Rahmenbeschluss ist somit Aufgabe der Länder. Sie müssen entsprechende Bildungsaufträge, Erlasse und Rahmenrichtlinien zur Konkretisierung formulieren.
Im Rahmen dieses Buches werden die Rahmenrichtlinien des Landes Niedersachsen für eine weiterführende Betrachtung verwendet. Sie sollen exemplarisch für eine Untersuchung dienen. Das Land Niedersachsen hat im Bildungsauftrag des *Niedersächsischen Schulgesetzes* ausgeführt (Novellierung des Gesetzes 1993), dass „die Schülern und Schüler fähig werden sollen, ökonomische und ökologische Zusammenhänge zu erfassen“.

---

[122] Niedersächsisches Kultusministerium, Hrsg. (1993), S. 113

Die einzelnen fachspezifischen Rahmenrichtlinien des Landes ergänzen diesen gesetzlichen Auftrag der Schulen. So enthalten sie umweltpädagogisch relevante Ziele, Themenbereiche und Inhalte.[123]

Unterschiedliche Autoren verweisen auf eine große pädagogische Bedeutung von Naturerleben bei Kindern, die gerade in der Entwicklungsstufe eines Alters von sechs bis etwa zwölf Jahren sind. So beschreibt Winkel dieses Alter als „das *Alter der realen Zuwendung zur Welt*".[124] Piaget nennt es *„die Lebensphase der konkret-logischen Operationen"*.[125]

An diesen Aussagen orientiere ich mich bei der Auswahl der Lerninhalte, um gezielt *Naturerlebnispädagogik* darauf beziehen zu können. Auf die genauen entwicklungspsychologischen Voraussetzungen in unterschiedlichen Altersstufen werde ich im Kapitel 5.2. näher eingehen. *Naturerlebnispädagogik* soll im Hinblick auf die Rahmenrichtlinien für die Klassen bis zur Orientierungsstufe in allen Fächern für Zwecke der Umweltbildung überprüft werden. Im Folgenden werden die Themen aufgelistet, bei denen sich *Naturerlebnispädagogik* als eine methodische Möglichkeit verwirklichen lässt. Die Auswahl der geeigneten Themen erfolgt dabei in Anlehnung an die Empfehlungen des Niedersächsischen Kultusministeriums für schulische Umwelterziehung.[126] Die Auflistung orientiert sich in ihrer Anordnung an den Fächern und Klassenstufen. Bei den Themen werden konkrete Anknüpfungsmöglichkeiten zur *Naturerlebnispädagogik* hergestellt, indem Beispiele für deren konkrete Umsetzung gegeben werden.

Foto 2: Lehrpfad aus dem Rucksack: Waldstockwerke-Modell

123 Niedersächsisches Kultusministerium, Hrsg. (1993), S. 56
124 Winkel, G. (1995), S. 82
125 ebd.
126 Vgl. Niedersächsisches Kultusministerium, Hrsg. (1993)

Anknüpfungsmöglichkeiten für *Naturerelebnispädagogik* in der Schule
(ausgewählt anhand der niedersächsischen. Rahmenrichtlinien der Klassen 1-6)

Sachunterricht / Biologie:

Klassenstufe:	Unterrichtsthema:
Klasse 1/2	***Wir lernen Tiere kennen und gehen mit ihnen um:*** Tierratespiele, die ein Naturerleben hervorrufen. **Wo und wie Kinder spielen:** *Naturraum als Naturerfahrungsraum mit Naturerfahrungs-spielen kennenlernen* ***Wir beobachten das Wetter*:** Wettererlebnisse draußen ***Temperaturen:*** Mit den Sinnen unterschiedliche Temperaturen erleben ***Wir sehen, hören, tasten (Sinne):*** Sinneswahrnehmungen bei Naturerlebnissen
Klasse 3/4	***Wasserversorgung und Abwasser, Wasserkreisläufe:*** Naturerleben am und im Wasser spielerisch und erkundend ***Wir betrachten und beschreiben das Wachstum und die Entwicklung von Tieren und Pflanzen:*** *Spielerisches „Nach-Erleben* ***Wir vergleichen und gruppieren Pflanzen und Tiere:*** Tierökologiespiele eröffnen Naturerlebnisse. ***Das Bild des Bauernhofes wandelt sich:*** Lernort Bauernhof durch Besuch erleben, dabei Nachvollzug/Erleben der landwirtschaftlichen Produktion ***Wir beobachten, messen und erklären Wettererscheinungen:*** Wettererlebnisse, Nachtwanderung, etc. ***Wir lernen Möglichkeiten der Vermehrung von Pflanzen und Tieren kennen:*** Naturerfahrungsspiele, Ökologiespiele
Klasse 5/6	***Kennzeichen des Lebendigen/Tiere und Pflanzen,*** ***Angepasstheit von Tieren und Pflanzen an einen Lebensraum,*** ***Wechselbeziehungen zwischen Lebewesen:*** Spielerisches Erleben in Modellen und Tierökologiespielen (vgl. Rucksackschule, Kap. 3)

Kunst

Klassenstufe:	Unterrichtsthema:
Klasse 1-4	***Räumliches und farbiges Gestalten:*** Farben und Formen in der Natur wahrnehmen und diese bewusst zum Gestalten benutzen
Klasse 5/6	***Ordnen der Farben und Farbgruppen***: Tarnfarben und Lockfarben ***Bildbetrachtung:*** Erleben von Naturfarben und deren Wirkungen

Deutsch	
Klassenstufe:	**Unterrichtsthema:**
Klasse 1-4	***Verfassen von Texten:*** Erlebnisse können textlich oder bildlich festgehalten werden. ***Mitteilen und Zuhören:*** Die eigene Meinung in einfacher Form verbalisieren; es kann versucht werden, Naturerlebnisse in Worte zu fassen und diese mitzuteilen. Gleichzeitig können in der Klasse die Erlebnisse ausgetauscht werden. Die Rollenspiele in der Naturerlebnispädagogik dienen zum Erlernen der szenischen Darstellung.

Musik	
Klassenstufe:	**Unterrichtsthema:**
Klasse 1-4	***Musik mit Instrumenten und Tonträgern:*** Wahrnehmung von Geräuschen in der Natur (Blätterrauschen, Tier- und Vogelstimmen). ***Benutzen von einfachen Instrumenten*** aus Holz zur Verdeutlichung der Tonerzeugung (Baumxylophon im Wald).
Klasse 5/6	***Musikerzeugung*** in der Natur: Erleben von ***Tönen und Tonfolgen*** von Vögeln. Erstellung von Musikinstrumenten aus/in der Natur.

Werken	
Klassenstufe:	**Unterrichtsthema:**
Klasse 3/4	***Bewegung erzeugen:*** Bewegungen in der Natur erleben ***Bau und Raum***: Bauernhof erleben ***Spielzeuge:*** Naturerlebnisse als Spiele und Spielzeug in der Natur
Klasse 5/6	***Erschließen von Freizeit- und Spielmöglichkeiten*** für Kinder und Jugendliche: Naturraum als Naturerfahrungsgebiet

Ev. Religion	
Klassenstufe:	**Unterrichtsthema:**
Klasse 4-6	***Schöpfung:*** Naturerleben wird dazu genutzt, um im religiösen Sinne Gottes Schöpfung nachzuempfinden. Einbezug naturmeditativer Elemente der Naturerlebnispädagogik. Naturerleben kann auch im Hinblick auf schöpferischer Verantwortung des Menschen gegenüber der Natur ausgerichtet werden.

Welt- und Umweltkunde und Physik/Chemie	
Klassenstufe:	**Unterrichtsthema:**
Klasse 5/6	***Erkunden des Nahraumes:*** Erleben der natürlichen Umgebung, und dabei auch die Verschiedenheiten und Besonderheiten von Lebensräumen. ***Menschen und ihre Lebensbedingungen:*** Erleben von Nutzungsformen wie Land- und Forstwirtschaft; dabei Naturerlebnispädagogik z.B. in Form von Waldpädagogik und beim Lernort Bauernhof. ***Regionale Besonderheiten (Nordsee, Wüste, Regenwald)****:* Durch Exkursionen und Klassenfahrten können diese Besonderheiten direkt erlebt werden. So ist zum Beispiel eine Klassenfahrt ins Schullandheim einer Nordseeinsel für ein Naturerleben im Wattenmeer gut geeignet.

Die synoptische Auflistung zeigt, dass in allen Fächern sind Themen vorhanden, in denen *Naturerlebnispädagogik* integriert werden könnte. Die Forderung der KMK 1980 nach fächerübergreifenden Bezügen bei der Behandlung von Umweltthemen kann somit auch in der Verbindung zum Naturerleben realisiert werden.

Die Themenübersicht zeigt jedoch auch, dass für die Vermittlung von themenspezifischem Wissen nicht nur auf Naturerlebnisse zurückgegriffen werden kann. Gerade in höheren Klassenstufen werden immer komplexere Umweltthemen aufgegriffen. So behandeln Schüler bereits in der Orientierungsstufe Themen, die ein vernetztes Denken und vielseitige Betrachtungen verlangen (z.B. die Themen: *Menschen und ihre Lebensbedingungen, regionale landschaftliche Besonderheiten*). Daher kann Naturerlebnispädagogik nur einen Beitrag dazu leisten, ein umweltrelevantes Thema im Unterricht zu bearbeiten.

Auch Winkel weist mit seinem Konzept des *Ganzheitlichen Unterrichts* darauf hin, dass die Schule umweltrelevante Themen möglichst vielseitig und somit möglichst mit Einsatz verschiedener Methoden betrachten sollte[127]. In den niedersächsischen Empfehlungen zur Umweltbildung in den allgemeinbildenden Schulen ist Naturerleben fest verankert. Es heißt dort wörtlich: *„Umweltbildung orientiert sich am subjektiven Erleben“*.[128] Die Empfehlungen fordern auch dazu auf, Lernen in der Umweltbildung innovativ auszurichten. Damit wird verbunden, dass eine möglichst große Vielfalt der Sichtweisen und Bewertungen bei der Umweltbildung berücksichtigt werden sollte.

[127] Winkel, G. (1995), S. 15
[128] Niedersächsisches Kultusministerium, Hrsg. (1993), S. 11

Die Empfehlungen fordern gleichermaßen ganzheitliches wie vernetztes und vorausschauendes Denken. Innovatives Lernen wird auch in der *Ökologischen Pädagogik* von Kleber als ein Kernbestandteil der Umweltbildung angesehen.[129] Er zitiert in diesem Zusammenhang Rose, um zu verdeutlichen, wie innovatives Lernen in die Unterrichtsplanung einfließen sollte. Rose fordert, dass zum innovativen Lernen „verschiedene Erfahrungsfelder" bei der Planung von Unterricht berücksichtigt werden sollten.[130]

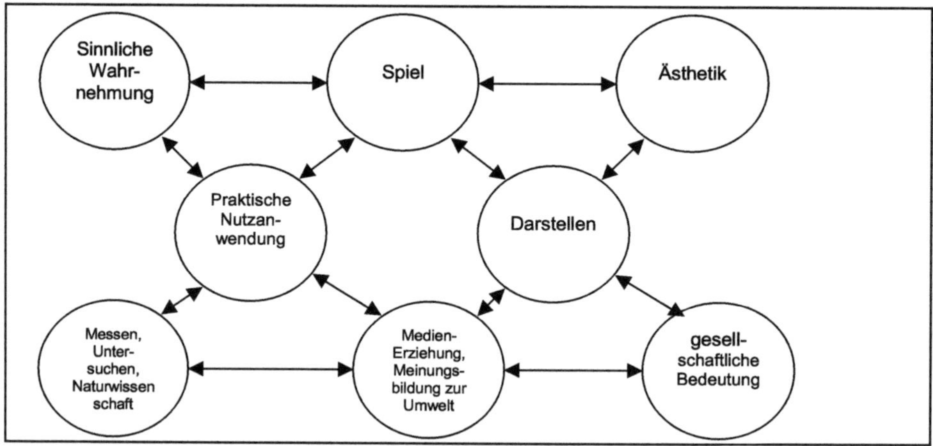

Abbildung 8: Erfahrungsfelder für die Planung von Unterricht (n. Rose)

Naturerlebnispädagogik kann in einzelnen Erfahrungsfeldern eingebracht werden. So bietet sich die Verwendung für die Felder „sinnliche Wahrnehmung", „Spiel", „ästhetische Erfahrung" und „Darstellung" an. Die Erfahrungsfelder sind in dem Modell von Rose untereinander vernetzt. Dadurch wird deutlich, dass die unterschiedlichen Felder eine gleichrangige didaktische Bedeutung im Unterricht haben sollten. Für eine Naturerlebnispädagogik gilt daher:

- *Naturerlebnispädagogik* kann nur als ein möglicher Bestandteil der Didaktik der schulischen Umweltbildung wirken, um die von den Rahmenrichtlinien geforderten Themen im Unterricht realisieren zu können. Der Unterricht sollte so geplant werden, dass *Naturerlebnispädagogik* ganz unterschiedliche „Erfahrungsfelder" ansprechen kann.

[129] Kleber, E.W. (1993), S. 36
[130] Rose, 1992 in: Kleber, E.W. (1993), S. 172

5.2. Zielgruppenorientierung

Die Rahmenrichtlinien für den schulischen Unterricht verdeutlichen, dass die Themenvorschläge in den einzelnen Klassenstufen sehr unterschiedlich ausfallen. Die Auswahl orientiert sich an den Entwicklungs-, Reifungs- und Sozialisierungsphasen der Schüler. Dieses Kriterium wird in der Didaktik von Unterricht auch als „Schülerrelevanz von Unterrichtsinhalten und Unterrichtsmethoden" bezeichnet.[131] So sollen für die Unterrichtsgestaltung die Interessen und Bedürfnisse der Schüler in ihrer Lebenswelt genauso wie die Fähigkeiten, die aus ihrer entwicklungsspezifischen Lage herrühren, berücksichtigt werden.

Die Entwicklung des Menschen ist vielfach entwicklungspsychologisch betrachtet und analysiert worden. Daraus wurden Entwicklungsphasen abgeleitet, die für bestimmte Altersspannen als charakteristisch angesehen werden. Bekannt für ihre Untersuchungen sind neben anderen vor allem Freud, Piaget, Kohlberg und Erikson. Anhand der Entwicklungsphasen können Fähigkeiten und Merkmale festgestellt werden, auf die im besonderen Maße die Ziele und Methoden des Unterrichts abzustimmen sind. Der Begriff „Lebenswelt" wird von Winkel mit dem Zusammenspiel von „Reifung", „sukzessiver Konstruktion" und „Sozialisation" beschrieben.[132]

Individuelle Entwicklung zur biographischen Ganzheit

(nach Winkel[132])

- **Reifung** ist die biologische Erklärung: Sie beschreibt die altersgemäße biologische Entwicklung von Motorik (Krabbeln, Laufen, etc.) und Sprache. Für diese Leistungen gibt es „sensible Phasen".
- **Sukzessive Konstruktion** erklärt die Entwicklung als logische Folge von Erfahrungen und Konstruktionsschritten. Diese „Erfahrungslogik" entspricht dem kognitiven Lernprozess und ist Grundlage des schulischen Lernens.
- **Sozialisation** erklärt die Entwicklung als sukzessive Übernahme kultureller und gesellschaftlicher Maßstäbe. Der Prozess währt lebenslang und prägt die Biographie.

Die Berücksichtigung entwicklungspsychologischer Phasen und der Lebenswelt von Schülern wird in dieser Arbeit als „Zielgruppenorientierung" verstanden.

---

[131] Vgl. Ellenberger, W. (1993), S. 79 ff.
[132] Vgl. Winkel, G. (1995), S. 81 ff.

Für Umweltbildung ist eine Zielgruppenorientierung aus zweierlei Hinsicht von großer Bedeutung:

Die Inhalte und Zusammenhänge umweltrelevanter Themen sind äußerst komplex. Hinzu kommt, dass die Unübersichtlichkeit und Irreversibilität vieler Umweltprobleme und Umweltsituationen das Gefühl von Überforderung, der eigenen Inkompetenz und schließlich eine Ohnmacht bewirken können. Beck bezeichnet das Gefühl von Ohnmacht gegenüber den Umweltproblemen auch als *„heimlichen Lehrplan der Risikogesellschaft"*.[133] Damit beschreibt er das Phänomen der gesellschaftlichen Ignoranz von Umweltproblemen und -risiken aufgrund unüberschaubarer Komplexität.

Nicht jeder Schüler kann in seiner Lebenswelt mit *Naturerlebnispädagogik* erreicht werden. Zum anderen muss auch die Methode, mit der Naturerlebnisse herbeigeführt werden, kritisch auf ihre Eignung für die jeweilige Zielgruppe überprüft werden.

Ein Beispiel aus meinen naturerlebnispädagogischen Erfahrungen soll dieses verdeutlichen: An einer Naturerlebnis-Wanderung, die im Rahmen des Naturerlebnisprogramms der Jugendherberge Lüneburg für Schulklassen angeboten wurde, nahmen im Sommer 1998 zwei sechste Klassen teil. Eine kam aus Hamburg, während die zweite aus einer ländlicheren Region Schleswig-Holsteins stammte. Obwohl das Alter der Schüler in beiden Klassen sehr ähnlich war, zeigten sie gänzlich unterschiedliche Lernvoraussetzungen und Interessen. So wurden Spiele der Naturerlebnispädagogik (z.B. Naturerfahrungsspiele nach Cornell) von den Hamburger Kindern als albern und kindisch abgelehnt. Die Schulklasse aus dem ländlicheren Gebiet hingegen empfand gerade das spielerische Erleben als spannende Aktivität und zeigte dabei große Begeisterung. Das Beispiel verdeutlicht, dass man mit dem Alter nur bedingt eine Aussage über den individuellen Sozialisierungs- und Entwicklungsstand von Kindern und Jugendlichen treffen kann. Dieser hat jedoch eine große Bedeutung für die Wahl der Methode als Zugang zum Naturerleben.

Im Folgenden sollen die Entwicklungsphasen vorgestellt und im Hinblick auf die didaktische Eignung von *Naturerlebnispädagogik* diskutiert werden. Die Entwicklungsphasen sind je nach psychologischer Richtung unterschiedlich eingeteilt worden. Um wissenschaftlich korrekt vorzugehen, müssten die verschiedenen Entwicklungsmodelle einzeln vorgestellt werden. Im Rahmen dieser Arbeit möchte ich jedoch im Sinne eines schulpraktischen Bezuges die weiteren Überlegungen anhand der Klasseneinteilungen vornehmen. Dabei wird der Entwicklungszeitraum von der ersten bis zur zehnten Klasse angesprochen.

Bei der Bildung von Klassenstufen lehne ich mich an die Auswahl von Winkel[134] an. Die Betrachtung der Entwicklung orientiert sich an den Ergebnissen von Piaget[135], Winkel[136] und Ellenberger[137]. Während sich Piaget vor allem mit der kognitiven Entwicklung von Fähigkeiten beschäftigt hat, beziehen sich Winkel und Ellenberger als Schuldidaktiker auf die Bedürfnisse von Kindern und Jugendlichen. Sie leiten daraus pädagogische Forderungen für die Praxis der Umweltbildung ab.

Alter: 5-7 Jahre (Kindergarten und 1. Klasse)

Kognitive Entwicklung nach Piaget:
Präoperationale Phase: = Phase des anschaulichen Denkens. Das Denken ist noch stark an die unmittelbaren Wahrnehmungen gebunden. Kognitives und logisches Denken findet kaum statt.
Beschreibung der Bedürfnisse nach Winkel:
Alter der Nachahmung, Autoritätsgläubigkeit, Magie bis zum Gestaltwechsel. Die Umwelt ist für Kinder noch weitäsgehend mit der Spielwelt identisch. Das mythische Element beim Denken verdrängt magische Vorstellungen. Gerade in der ersten Klasse gewinnt die Einsicht, dass Dinge einen realen Zusammenhang aufweisen, an Bedeutung. Die Kinder leben jedoch noch in ihrer eigenen Welt und nehmen die Umwelt nur aus dieser egozentrischen Sicht wahr.
Pädagogische Forderungen bei der Umweltbildung nach Winkel und Ellenberger:
Die Umwelt muss von den Kindern noch ausschließlich emotional wahrgenommen werden. Die wichtigste Aufgabe ist es, Ängste vor der Natur (z.B. Ekel und Angst vor Spinnen, Kröten, usw.) abzubauen und die Zuneigung zur Natur zu stärken. Die Kinder sollen in die reale Natur eintauchen und diese als Betätigungsfeld der Phantasie kennenlernen. Die Autoritäts- und Vorbildpersonen sind für die Einübung von Verhalten und Einstellungen von großer Bedeutung. Am Ende der Phase sollen immer mehr reale Vorstellungen von Natur aufgebaut werden. In diesem Alter wechselt die Vorstellung noch zwischen Phantasie und Realität, Spiel und Wirklichkeit. Dieses wechselseitige Gefüge muss pädagogisch bei der Umweltbildung aufgegriffen werden.
Bedeutung von Naturerlebnispädagogik:
Naturerleben kann in dieser Phase ein wesentliches Mittel zu einem positiven, emotionalen Zugang zur Natur sein. Besonders das spielerische Erleben wird die wichtigste Methode dabei sein. Naturerlebnisse müssen jedoch so stattfinden, dass dabei auch mögliche Ängste von Kindern beachtet werden.

[133] Vgl. Beck, U. (1986)
[134] Winkel, G. (1995), S. 82
[135] Vgl. Gudjons, H. (1995)
[136] Vgl. Winkel, G. (1995)
[137] Vgl. Ellerberger, W. (1993)

Alter: 8-9 Jahre (2. / 3. Klasse)

Kognitive Entwicklung nach Piaget:

Phase der konkret-logischen Operationen: Der Denkprozess löst sich allmählich von einem rein wahrnehmungsbezogenen Aspekt ab. Das Kind lernt den Begriff der Umkehrbarkeit oder Reversibilität: Es kann Schritte zurückverfolgen, Handlungen „ungültig" machen und die Ausgangssituation wieder herstellen. Diese Phase erstreckt sich noch über mehrere Jahre auch über die nächsten Stufen hinweg.

Beschreibung der Bedürfnisse nach Winkel:

Alter des lebendigen Mythos und der Autorität: In dieser Phase stehen immer noch die Methoden des spielerischen und erprobenden Umgangs mit den Dingen im Vordergrund. Zu Beginn haben Märchen und Mythen noch eine sehr große Bedeutung. Am Ende der dritten Klasse bilden sich eigene Interessen der Kinder heraus. Immer mehr wird die Außenwelt sinnlich-räumlich wahrgenommen. Somit vollzieht sich ein „Wechsel von der Innen- und zur Außenwelt" bei der Kindesvorstellung. Mit dem Übergang zur nächsten Phase stellt sich zunehmend ein Gleichgewicht zwischen den beiden Welten ein. Dann kommt ein großer „Verselbständigungsdrang" auf. Mit der Hinwendung des Kindes auf „die Sache" gewinnt diese immer mehr die Erziehungsfunktion. Es prägt sich dabei ein Bedürfnis nach Besitz an den Dingen, was sich in einer „aufkommenden Sammelleidenschaft" zeigt. Es besteht ein großes Bedürfnis nach motorischer Betätigung.

Pädagogische Forderungen bei der Umweltbildung nach Winkel und Ellenberger für das Alter 8-9 Jahre (2./3. Klasse):

Der sich vollziehende Wechsel zwischen einem Leben in der Phantasie und der Realität verlangt, dass die Kinder noch nicht mit Umweltproblemen überfordert werden sollten. Dieses würde zur Orientierungs- und Hilflosigkeit führen. Die Natur sollte vor allem in märchenhafter und „vermenschlichter" Form behandelt werden. Immer mehr soll jedoch in dieser Phase das Märchenhafte zurück- und das Fühlbar-Sinnliche hervortreten. Naturerfahrung durch die Sinne sollte zum Schwerpunkt werden. Das Bedürfnis nach Sammeln von Dingen sollte aufgegriffen werden, indem dieses für eine erste Natursammlung benutzt wird. Das Sammeln sollte dabei nicht systematisch orientiert werden, sondern sich nach den Wünschen der Kinder richten. Das beginnende Zeitbewusstsein sollte berücksichtigt werden, indem „Jetzt-Erlebnisse" mit Prozessen verbunden werden. Dieses kann zum Beispiel das Halten und Pflegen von Tieren sein. Soziale Spiele müssen das Bewusstsein über Geben und Nehmen wecken. Die nahe Umgebung entspricht der Lebenswelt des Kindes.

Bedeutung für Naturerlebnispädagogik:

Auf spielerische Weise können mit Naturerfahrungsspielen reale Naturzusammenhänge vorerst spielerisch simuliert erlebt werden. Das Spiel scheint in dieser Phase die wichtigste Methode der Naturerlebnispädagogik zu sein. Aber auch die eigentätige und ungelenkte Naturwahrnehmung schafft wichtige Bezüge zu den pädagogischen Forderungen. Mit dem gemeinsamen Erleben von Natur in der Klasse können auch erste soziale Kompetenzen aufgebaut werden. So verlangen die Erlebenssituationen immer auch helfende und unterstützende Interaktionen der Gruppe. Wichtig sind Aktivitäten, die eine vielfältige motorische Betätigung ermöglichen und fördern. Dieses können zum Beispiel Bewegungsspiele in der Natur sein.

Alter: 10 Jahre (4. Klasse)

Kognitive Entwicklung nach Piaget:

Weiterentwicklung von konkret-logischen Operationen der vorherigen Phase.

Beschreibung der Bedürfnisse nach Winkel:

Winkel beschreibt diese Phase auch als Zwischenstufe zwischen der vorherigen und der nächsten Stufe. Für ihn liegt hier eine Zwischenphase der beginnenden realen Zuwendung zur Umwelt vor.

Kinder entwickeln spätestens hier ihre eigene Welt als ein Gegenüber zur Umwelt. Die Phantasiewelt verblasst und wird teilweise sogar abgelehnt. Die Erklärungen sind jedoch noch bildhaft-intuitiv und nicht abstrakt-intellektuell. Das Bedürfnis nach sozialer Gemeinschaft ist groß. Der Lehrer und andere Persönlichkeiten haben zentrale Bedeutungen als Vorbilder, die zur Identifikation genutzt werden.

Pädagogische Forderungen bei der Umweltbildung nach Winkel und Ellenberger:

In dieser Altersphase ist das wichtigste Betätigungsfeld der Kinder der künstlerische und kreative Bereich. Es sollten somit als Methoden Malen, das Schreiben von Geschichten, Singen, Tanzen, Pantomime und Rollenspiel sowie Basteln gewählt werden. Der Zugang zur Natur durch Sinneswahrnehmungen und Spiele sollte jedoch weiterhin erhalten bleiben. Winkel sieht in dieser Phase eine wichtige Bedeutung in der Pflege und Haltung von Tieren und Pflanzen. So könnten praktische Arbeiten in einem Schulgarten gute Dienste in der Umweltbildung leisten.

Bedeutung von Naturerlebnispädagogik:

Naturerlebnispädagogik kann weiterhin Zugänge zur Natur auf vor allem spielerische Weise herstellen. Dabei scheinen das Rollenspiel und die Pantomime wichtige Methoden zu sein. Beide ermöglichen eine kreative Auseinandersetzung mit Natur. Wichtig sind dabei Erlebnisse in der Natur, die nicht rein passiv aufgenommen werden, sondern die sich am aktiven Geschehen orientieren. Die Phänomene von Natur soll nicht nur betrachtet, sondern aktiv und schützend beeinflusst werden. *Naturerlebnispädagogik* muss daher aktive Erlebnisdimensionen wie das (spielerische) Gestalten der Umwelt aufgreifen.

Alter: 11-12 Jahre (5. / 6. Klasse)

Kognitive Entwicklung nach Piaget:

Weiterentwicklung von konkret-logischen Operationen der vorherigen Phasen.

Beschreibung der Bedürfnisse nach Winkel:

Alter der realen Zuwendung zur Umwelt: Es besteht ein ausgeprägtes Bedürfnis, eigene Erfahrungen zu sammeln und sich die Welt auf spielerische Weise zu erschließen. Dieses kann auch als „logisches und sachbezogenes Operieren auf ganzheitliche Weise" bezeichnet werden.
Experimente, bei denen affektive Erlebnisse dominieren werden besonders oft unternommen. Dabei kommt es zum ersten Mal in der Entwicklung zum Zusammenspiel von affektivem Erleben, rationaler Sachanalyse und ästhetischer Wahrnehmung. Märchen werden abgelehnt. Stattdessen gewinnen Geschichten von Helden und Abenteurern an Bedeutung. Sie stellen nun die eigentlichen Vorbilder dar. Gruppenbildungen haben sich etabliert und gewinnen an Bedeutung. Die Aktivitäten in dieser Phase laufen dabei sehr stark gruppenspezifisch ab. Das „sich selber Finden durch Ausprobieren" bestimmt die soziale Interaktion in der Gruppe. Bisherige Autoritätspersonen werden vor allem ab der sechsten Klasse hinterfragt und durch die Gruppenidentität ersetzt.

Pädagogische Forderungen bei der Umweltbildung nach Winkel und Ellenberger:

Winkel formuliert etwas salopp das Ziel in dieser Phase: „Bandenbildung mit der Umwelt". Dazu sollen Umweltgruppen aus den sozialen Gruppen gebildet werden, deren Agilität in Verbindung mit Natur gebracht werden sollte. Zum anderen liegt für ihn eine große Bedeutung in der aktiv-pflegenden Betätigung in der Natur (z.B. im Schulgarten). Somit würden positive Bezüge zur Natur hergestellt, die gleichzeitig die Gruppen herausfordern und ihnen eine Aufgabe für ihre soziale Gruppeninteraktionen stellen.

Bedeutung für Naturerlebnispädagogik:

Die Erlebnisse in der Natur können gerade in dieser Phase als Grenzerfahrungen für die Ich-Findung und die sozialen Interaktionen in der Gruppe dienen. Es müssen dabei Aktivitäten stattfinden, welche die Schüler in ihren Gruppen wirklich herausfordern. *Naturerlebnispädagogik* kann mit seinen Aktivitäten neue Erfahrungen durch die Sinne (z.B. Gleichgewichtsinn) aufgreifen. Dieses stellt genauso eine Herausforderung dar, wie spielerisch erfolgsorientierte Ergebnisse.
Naturerlebnispädagogik muss die Erlebnisse pädagogisch aufarbeiten. Es muss im Sinne einer Umweltbildung gelingen, das unmittelbare Erlebnis aufzugreifen und als „Initialzündung" für Lernprozesse und Bewusstseinsbildung zu nutzen. Mit konkreten Aufgabenstellungen sollte *Naturerlebnispädagogik* den sozialen Gruppenwillen nutzen, um besondere Erfahrungen zu konkreten, sachbezogenen Handlungen erweitern zu können.

Alter: 13-14 Jahre (7. / 8. Klasse)

Kognitive Entwicklung nach Piaget:

Phase der formal-logischen Operationen: Die Denkprozesse überschreiten einen ausschließlichen Bezug auf gegebene Informationen. Es werden dabei eigene Hypothesen und von Situationen unabhängige Denkoperationen vorgenommen.

Beschreibung der Bedürfnisse nach Winkel:

Winkel bezeichnet diese Phase auch als „das Alter des Konfliktes mit sich und der Umwelt". Die Gruppenstrukturen lösen sich auf, und es beginnt die Suche nach dem individuellen „Ich". Dabei grenzen sich die Individuen voneinander ab. Obwohl ein inneres Bedürfnis nach Geborgenheit und Nähe besteht, wird dieses nach außen hin verleugnet. Der „Gegenwert" der eigentlichen Gefühle wird zur Schau gestellt. Dieses beinhaltet tatsächlich auftretende Gefühle wie Angst und Einsamkeit. Dahinter verbirgt sich natürlich die Vor- und Pubertätszeit, in der die geschlechtliche Auseinandersetzung und -findung mit dem eigenen Selbst erfolgen. Das Interesse an Menschen ist in dieser Phase wesentlich größer als das an sachlichen Zusammenhängen.

Pädagogische Forderungen bei der Umweltbildung nach Winkel und Ellenberger:

Es ist in dieser Phase bedeutsam, Umweltprobleme auch als persönliche Probleme darzustellen. Die Umwelt sollte daher nicht mehr ausschließlich emotional-affektiv wahrgenommen werden, sondern ganzheitlich-kritisch. Eine große Bedeutung liegt in dem Aufzeigen von Alternativen, die eine Auseinandersetzung mit den gängigen Verhaltensweisen und Normen und eine innere Orientierung ermöglichen. Konkrete handwerkliche, sozialbezogene und selbstbestimmte Projekte sollten Grundlage für die Umweltbildung werden. Dabei rät Winkel zu einem Zusammenspiel von „Erforschen und Helfen." Es muss also „Neues" angesprochen werden, auf das helfend oder verbessernd Einfluss genommen werden kann.

Bedeutung von Naturerlebnispädagogik:

Naturerlebnisse verlieren in diesem Alter an Bedeutung. Vor allem gemeinsame Gruppenerlebnisse in der Natur werden von der Klasse abgelehnt. Es muss dabei dem Bedürfnis nach Individualität Beachtung geschenkt werden.

Naturerlebnispädagogik sollte daher erlebnisbezogene individuelle Erfahrungen der Schüler für sich allein ermöglichen. Das Erleben von problembezogenen Zusammenhängen sollte angeregt werden, um eine persönliche Betroffenheit zu erzeugen. Die problembezogenen Erlebnisse müssen reflektierend von den Lehrern begleitet werden, um den Schülern eine aktive Auseinandersetzung zu ermöglichen. Die Aktivität sollte sich auch auf konkrete Handlungen erstrecken können.

Alter: ab 15 / 16 Jahren (ab 9. Klasse)

Kognitive Entwicklung nach Piaget:

Weiterentwicklung der formal-logischen Operationen der vorherigen Phase.

Beschreibung der Bedürfnisse nach Winkel:

Phase des Wirksamwerdens des Ichs in der Innenwelt für Mitwelt und Umwelt: Der eigene Standpunkt ist gefunden, so dass er jetzt gegenüber anderen abgegrenzt und verteidigt wird. Es besteht also ein Bedürfnis nach Übernahme von Verantwortung für sich und die Umwelt. Das Zusammenspiel von Erfahrung und Orientierung verlangt nach dem Verstehen von immer komplexeren Fragestellungen. Die Identität der Jugendlichen entwickelt sich in dieser Phase zu einem vollständigen Selbstbild.

Pädagogische Forderungen bei der Umweltbildung nach Winkel und Ellenberger:

Besonders in dieser Phase sollte zum mehrdimensionalen Denken angeregt werden. So sollten umweltrelevante Themen aus verschiedenen Sichtweisen von Wirtschaft, Gesellschaft, Politik und Naturschutz angesprochen werden. Sehr gut eignen sich hierfür Rollenspiele und Planspiele, die sich auf Fragestellungen des Umweltschutzes beziehen. Aus dem ausschließlichen Naturerleben muss naturwissenschaftliches Arbeiten im Freiland in Verbindung mit Exkursionen und innerräumlichen analytischen Untersuchungen werden.

Bedeutung für Naturerlebnispädagogik:

Das Entdecken und Erleben von Natur ist in den Hintergrund getreten. Es kann aber mit analytischen Lernprozessen gekoppelt werden. So kann *Naturerlebnispädagogik* einen Einstieg in ein Thema vermitteln, das dann immer mehr analytisch und theoretisch erschlossen wird.

Eine große Bedeutung für die unterschiedlichen Phasen hat bekanntermaßen das Durchleben der Pubertät. Sie ist ein wichtiger „Entwicklungsmaßstab“ für Unterricht. Da die Pubertät sich jedoch biographisch bedingt zeitlich sehr unterschiedlich vollzieht, sind die mit den Phasen verbundenen Altersangaben nur als Richtwerte aufzufassen. Sie können nur einen Hinweis auf eventuelle Korrelation von Altersangabe und Entwicklung geben. Zur Ergänzung der streng altersgebundenen Entwicklungsphasen erscheinen die drei Abschnitte der Entwicklung von Jugendlichen, die Ellenberger gebildet hat, als geeignet. Er nennt die folgende Abschnittsbildung für die Unterrichtsplanung auch „Leitideen als didaktische Auswahlkriterien“[138].

- **Erkundungsphase** der Vorpubertät (Klassen 5 und 6)
- **Orientierungsphase** der Pubertät (Klassen 7 und 8)
- **Verarbeitungsphase** der abklingenden Pubertät (Klassen 9 und 10)

[138] Ellenberger, W. (1993), S. 129

Die Leitideen als didaktische Auswahlkriterien können auch anhand der drei Leitbegriffe *Erkundung, Orientierung und Verarbeitung* voneinander abgegrenzt und auf bestimmte Zielgruppen bezogen werden. Der Schwerpunkt in der Bedeutung von *Naturerlebnispädagogik* liegt somit unabhängig vom genauen Alter der Kinder und Jugendlichen in der Zeit bis zur vorpubertären Entwicklungsphase.

Als Resümee der entwicklungspsychologischen Betrachtung im Hinblick auf eine mögliche pädagogische Bedeutung von Naturerleben ergibt sich folgende Zusammenfassung:

Zusammenfassung der Zielgruppenbedeutung für eine *Naturerlebnispädagogik*

- Je nach Entwicklungsstand der Zielgruppe hat *Naturerlebnispädagogik* in der Schule ganz unterschiedliche didaktische Bedeutungen und Inhalte.
- **Die Umsetzung von *Naturerlebnispädagogik* für Umweltbildung in der Schule sollte vor allem in der Zeit von der ersten bis zur sechsten Klasse stattfinden. Ein Schwerpunkt der didaktischen Bedeutung liegt dabei in der Vorpubertät.** Dort sind Naturerlebnisse besonders wichtig für das „lebensweltliche Bedürfnis nach *Erkundung und Erfahrung*".
- Die didaktisch beabsichtigte Wirkung und damit verbundene pädagogische Ausrichtung von *Naturerlebnispädagogik* sollte sich im Laufe der kindlichen Entwicklungsphasen anpassen.
- Während sich in den ersten drei Schuljahren Naturerleben mit ausschließlich spielerischen Methoden inszeniert werden sollte, so muss es im folgenden Altersverlauf immer mehr auch inhaltlich vertiefende Aktivitäten einschließen. Das Erlebnis sollte dann mit Reflexionsmöglichkeiten in der Gruppe gekoppelt werden. Auf diese Weise kann die Umwelt „affektiv-emotional" und zugleich „sachanalytisch" erschlossen werden.
- **Über die sechste Klasse hinaus** kann Naturerleben in Ergänzung zu anderen Methoden ein Bestandteil der Umweltbildung sein. In der siebten und achten Klasse sollten problemorientierte Erlebnisse Grundlage für eine weitere Auseinandersetzung mit Umweltthemen darstellen. An die Stelle des vorherigen Erlebnisses in der Gruppe rückt hier ein individuelles Einzelerlebnis.
- **Ab der neunten Klasse** hat eine rein affektiv-emotionale *Naturerlebnispädagogik* nur noch am Rande von Umweltbildung Bedeutung. Sie stellt nur einen von mehreren möglichen didaktischen Zugängen zur Natur dar. Die Wirkung von *Naturerlebnispädagogik* ist von hier an sehr beschränkt.

6. Zusammenarbeit von Schule mit außerschulischen Umweltbildungs-Partnern im „Projekt Wald"

In diesem Kapitel soll anhand eines konkreten Beispieles aufgezeigt werden, wie Naturerlebnispädagogik in der Umweltbildung innerhalb und außerhalb von Schule realisiert werden kann. Dieses Beispiel zeigt zugleich Möglichkeiten der Umsetzung der Lokalen Agenda 21 im Umfeld von Schule.

Der schulische Rahmen bietet auf den ersten Blick nur eingeschränkt Möglichkeiten für *Naturerlebnispädagogik*. Mit dem Projekt „Wald" sollen neue Wege exemplarisch aufgezeigt werden. Dazu werden die Rahmenrichtlinien des Landes Niedersachsen auf Lernziele in den einzelnen Fächern überprüft, die sich auf das Rahmenthema „Wald" beziehen. Einleitend soll auf *handlungsorientierten Unterricht* als eine mögliche Unterrichtsform eingegangen werden.

6.1. Handlungsorientierter Unterricht

Schulischer Unterricht orientiert sich an unterschiedlichen didaktischen Konzepten. Die klassischen didaktischen Konzepte der Schule haben sehr stark die Lehrertätigkeit (lehrerzentrierter Unterricht) in den Vordergrund des Unterrichtes gestellt. Reformpädagogen nahmen dieses zum Anlass ihrer Kritik und versuchten eine Unterrichtsgestaltung vom Schüler aus. Als Folge entstanden neue Unterrichtskonzepte. Auch die Grundlagen des handlungsorientierten Unterrichts stammen aus der reformpädagogischen Zeit. [139] Handlungsorientierter Unterricht zielt vor allem auf das angestrebte Handlungsergebnis des Unterrichtes. Dabei sind Kopf- und Handarbeit untrennbare Momente des Unterrichtsprozesses. Jank und Meyer beschreiben das didaktische Prinzip auch als Aneignung der Welt durch „Learning by doing" und zitieren damit den Begriff von Dewey.[140]

[139] Vgl. Jank, H. und Meyer, H. (1994), S. 338 ff.
[140] Vgl. ebd.

Die Ziel-, Inhalts- und Methodenentscheidungen werden von Gudjons dann als legitim bezeichnet, wenn sie durch einen Konsens des Lehrers und der Schüler getragen werden.[141]

Handlungsorientierter Unterricht
(in Anlehnung an H. Meyer)

Handlungsorientierter Unterricht ist ein ganzheitlicher und schüleraktiver Unterricht, in dem die zwischen dem Lehrer und den Schülern vereinbarten Handlungsprodukte die Organisation des Unterrichtsprozesses leiten, so dass Kopf- und Handarbeit der Schüler in ein ausgewogenes Verhältnis zueinander gebracht werden können. [142]

Handlungsorientierter Unterricht stellt eine gut geeignete Unterrichtsform für Umweltbildung dar. So fordern unterschiedliche Konzepte der Umweltbildung didaktische Aspekte, die diese Unterrichtsform ermöglichen und integrieren kann. Als Beispiel lässt sich das Konzept des „Ganzheitlichen Lernens" von Winkel anführen. Besonders die ganzheitliche Bearbeitung von Umweltthemen lässt sich im handlungsorientierten Unterricht realisieren. Die Lernverpflichtungen und Themeninteressen des Lehrers und die Lernvoraussetzungen und Interessen der Schüler sollen hierbei gleichermaßen berücksichtigt werden.

In der Einstiegsphase soll ein Konsens über das anzustrebende Handlungsprodukt des Unterrichts gebildet werden. Ist dieses festgelegt, so folgen Erarbeitungs- und Auswertungsphase des Unterrichtes. Umweltbildung als handlungsorientierter Unterricht geht von Schülern und Lehrern gemeinsam aus. Somit wird auch der als didaktisches Prinzip geforderte „Lebensweltbezug" von Unterricht realisiert (vgl. Kapitel 5.2.). Dieses ist meiner Meinung nach eine wichtige Voraussetzung, um die in der Umweltbildung angestrebte ökologische Handlungskompetenz auch zu erreichen.

---

[141] Vgl. Gudjons, H. (1995)
[142] Meyer, H. (1996), S. 402

Mit dem folgenden Schaubild soll der Prozess von handlungsorientiertem Unterricht nach Hilbert Meyer[143] dargestellt werden.

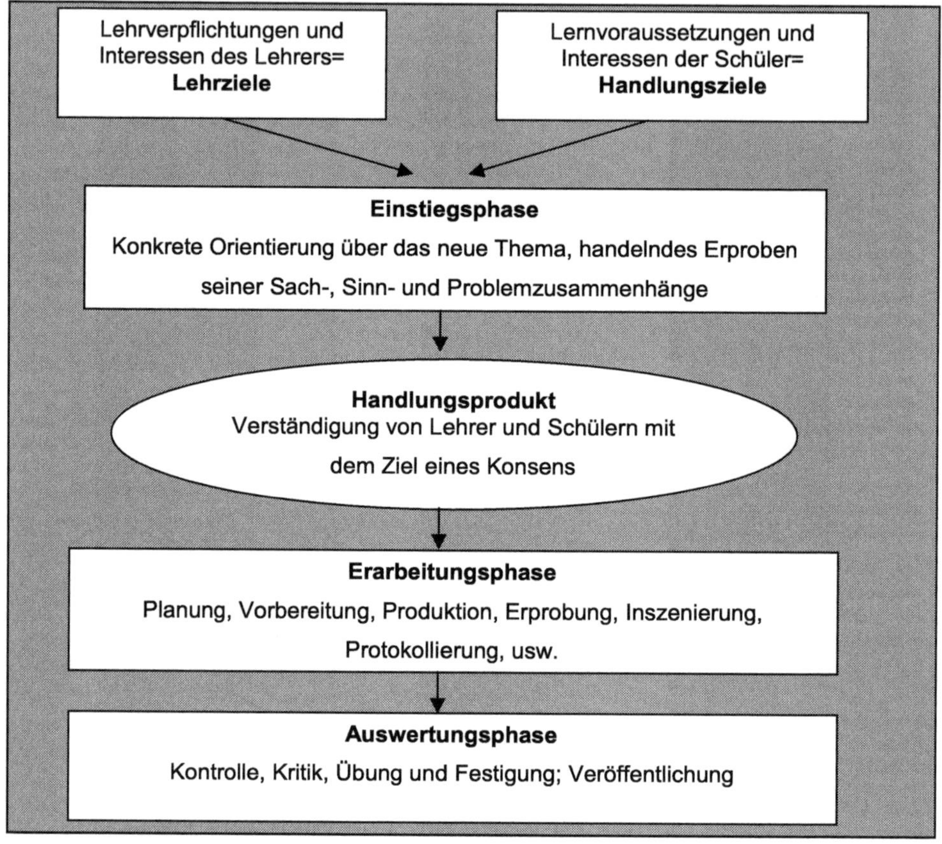

Abbildung 9: Ablaufschema von handlungsorientierten Unterricht

Hilbert Meyer nennt vier didaktische Kriterien für die Gestaltung von handlungsorientiertem Unterricht. Sie verstehen sich auch als Maßstab, an dem das Unterrichtskonzept zu messen ist.[144]

[143] Meyer, H. (1996), Bd. 2, S. 405

Didaktische Prinzipien für den handlungsorientierten Unterricht
(nach H. Meyer):

- Im handlungsorientierten Unterricht sollen die *subjektiven Schülerinteressen*[145] zum Bezugspunkt der Unterrichtsarbeit gemacht werden.
- Im handlungsorientierten Unterricht sollen die Schüler *zum selbständigen Handeln* ermuntert werden.
- Durch die Handlungsorientierung des Unterrichts soll die *Öffnung der Schule* gegenüber ihrem Umfeld vorangetrieben werden.
- *Kopf- und Handarbeit* – also Denken und Handeln – sollen in ein ausgewogenes Verhältnis zueinander gebracht werden.

Das Thema „Wald" soll in dem folgenden Beispiel als Projektunterricht behandelt werden. Daher wird es auch „Projekt Wald" genannt. Das Projekt wird von Gudjons als Reinform des handlungsorientierten Unterrichts bezeichnet.[146] Bolscho und Seybold fordern Projektunterricht als eine der wichtigsten Methoden für Umweltbildung in der Schule.[147]

Frey beschreibt die Projektmethode folgendermaßen:

> *„Die Projektmethode ist ein Weg zur Bildung. Sie ist eine Form der lernenden Betätigung, die bildend wirkt. Entscheidend dabei ist, dass sich die Lernenden ein Betätigungsgebiet vornehmen, sich darin über die geplanten Betätigungen verständigen, das Betätigungsgebiet entwickeln und die dann folgenden verstärkten Aktivitäten im Betätigungsgebiet zu einem sinnvollen Ende führen. Oft entsteht ein vorzeigbares Projekt..."*[148]

Die Bezeichnung „Projekt" lässt sich aus dem lateinischen Wort „procedere" (lat.= etwas entwerfen, nach vorne werfen, hinauswerfen) ableiten. Im allgemeinen Sprachgebrauch bezeichnet „Projekt" einen Plan, Entwurf oder Vorhaben. Schon in vorindustrieller Zeit lassen sich Ansätze erkennen, die dem heutigen Verständnis der Projektorientierung ähneln.[149] Ein bedeutender Vertreter der Projektmethode ist John Dewey.[150]

---

[144] ebd., S. 412
[145] Subjektive Schülerinteressen sind die situationsspezifischen persönlichen Bedürfnisse, Vorstellungen und Phantasien zum Unterricht. Sie können bewußtgemacht und als Handlungsziele verfolgt werden; sie bleiben oft auch unbewusst, wirken aber dennoch handlungsleitend (Meyer, H. (1996), S.413).
[146] Vgl. Gudjons, H. (1995)
[147] Bolscho, D. und Seybold, Hj. (1996), S. 156
[148] Frey (1995), S. 31
[149] Frey, (1995), S. 31
[150] John Dewey lebte von 1859 bis 1952 in den USA. Neben der Ausübung der Professur für Philosophie an der Universität von Chicago leitete er eine Grundschule, die als „Laboratiory School" Geschichte gemacht

Als schulpädagogisches Konzept soll ein Projekt Schüler dazu befähigen, komplexe Aufgabenstellungen und Lebenssituationen zu bewältigen. Ausgangspunkt ist in der Regel ein konkretes Problem aus der Lebenswirklichkeit der Schüler, welches in gemeinsamer Anstrengung von Lehrern und Schülern gelöst werden muss. Projekte werden oft in der Literatur in ihrer Idealform dargestellt, sei es anhand von „Merkmalskatalogen“ oder unter methodischen Aspekten. So ist der Projektablauf durch die Schritte *Initiative, Planung, Durchführung* und *Abschluss* gekennzeichnet.

Dabei betonen besonders Frey und Gudjons[151], dass das jeweilige Idealbild lediglich als Orientierungshilfe für den Unterricht gedacht ist. Es muss nicht jedes Projekt, das im handlungsorientierten Unterricht initiiert wird, auch wirklich bis zum Abschluss gebracht werden. Idealerweise entstehen Projektideen aus dem handlungsorientierten Unterricht und durchlaufen die Projektphasen dann bis zum Abschluss des Projektes. Problematisch ist es, wenn Projektideen vom Lehrer vorgegeben werden und es eigentlich keine eigenen Ideen der Schüler waren. Dann ist die Gefahr besonders groß, dass Projekte aufgrund mangelnder Schülermotivation bereits in der Planung scheitern. Dieses sollte auch bei dem folgenden Beispiel „Projekt Wald“ beachtet werden.

Durch das beabsichtigte Produkt kann am Ende das eigene Verhalten im Unterricht wahrgenommen und somit reflektiert werden. Mit der Reflexion ist ein wesentlicher Bedingungsfaktor erfüllt, der von Fietkau[152] zur Erreichung von Umweltbewusstsein genannt wird (vgl. Kapitel 4.2.).

---

hat. Die Schule und auch die Universität von Chicago waren der Ausgangspunkt der pädagogischen Bewegung zur Projektmethode.

[151] Vgl. Gudjons, H. (1995) und Frey (1995)

[152] Fietkau & Kessel, 1984, in Muff, A. (1997), S. 112

6.2. Das Thema „Wald“ in der Schule

Das Thema „Wald“ ermöglicht es, eine Vielzahl an themengebundenen Inhalten der Rahmenrichtlinien in der Schule aufzugreifen. Es kann als „Rahmenthema“ verschiedene Lernziele von unterschiedlichen Fächern berücksichtigen. Hiermit kann der Forderung nach fächerübergreifender Umweltbildung entsprochen werden. *Naturerlebnispädagogik* soll in dem Thema als eine Methode beim handlungsorientierten Unterricht betrachtet werden. Dabei sollen Möglichkeiten aufgezeigt werden, wie Naturerleben integriert werden kann.

Im Folgenden werden bezugnehmend auf den schematischen Ablauf der Planung von handlungsorientiertem Unterricht anhand der Rahmenrichtlinien Lernziele festgelegt. Für das Beispiel in dieser Arbeit sollen dazu die niedersächsischen Rahmenrichtlinien für die Klassen fünf und sechs herangezogen.

Themenverbindungen einzelner Fächer zum Rahmenthema „Wald“
(anhand der niedersächsischen Rahmenrichtlinien für die fünften und sechsten Klassen)

Fach: Biologie

Lernziel 1: *Angepasstheit von Tieren und Pflanzen an Lebensräume*
Mögliche Verbindung zum Thema Wald: Spezielle Anpassung von Tieren und Pflanzen an den Wald, Stockwerkaufbau der Pflanzen, Öko-Nischen wie Leben in der Bodenstreu und in Totoholz, Waldgesellschaften, Bodenarten, u.v.m.

Lernziel 2: *Wechselbeziehungen zwischen Lebewesen*
Mögliche Verbindung zum Thema Wald: Räuber-Beute-Beziehungen, Öko-Nischen, Pilze, Nahrungsnetz, Forstwirtschaft, Jagd.

Lernziel 3: Das Leben von Blütenpflanzen
Mögliche Verbindungen zum Thema Wald: Keimen von Pflanzen, Strategien zur Überwinterung, Fortpflanzung von Pflanzen.

Fach: Physik/Chemie

Lernziel 1: Kennenlernen von natürlichen und von Menschen beeinflussten Wasserkreisläufen
Mögliche Verbindungen zum Thema Wald: Wasserkreislauf im Wald, chemische Zusammensetzung von Regenwasser, Fließgewässer im Wald, Wasserspeicherung im Waldboden.

Fach: Welt- und Umweltkunde

Lernziel 1: Erkunden des Nahraumes

Mögliche Verbindung zum Thema Wald: Waldanteil, Bedeutung der regionalen Forstwirtschaft, Berufsfelder im Wald.

Lernziel 2: Leben in extremen klimatischen Bedingungen

Mögliche Verbindungen zum Thema Wald: Anpassungen von Waldgesellschaften an extreme Standorte.

Lernziel 3: Menschen gestalten Ihre Lebensbedingungen

Mögliche Verbindungen zum Thema Wald: Wald im Wandel der Zeiten, Kulturelle Besonderheiten durch Wald (z.B. Spreewald), Historische Waldnutzungen.

Lernziel 4: Menschen nutzen ihre Freizeit

Mögliche Verbindung zum Thema Wald: Freizeiterholung im Wald, Konkurrenz von Freizeitnutzung und Wald (z.B. Skilaufen), Freizeitaktivitäten im Wald.

Fach: Kunst

Lernziel 1: Ordnen von Farben und Farbgruppen

Mögliche Verbindung zum Thema Wald: Anpassung von Tieren durch Farben im Wald, Herbstlaub, Tarn- und Warnfarben von Tieren, mit Naturfarben malen.

Lernziel 2: Bildbetrachtung

Mögliche Verbindung zum Thema Wald: Bedeutung von Wald als Motiv in der Kunst.

Fach: Religion und Werte und Normen

Lernziel 1: Verantwortung für sich und die Welt

Mögliche Verbindung zum Thema Wald: Jagd, Naturschutz, Waldrodung im Regenwald, Waldsterben.

Lernziel 2: Kennenlernen der Schöpfung und der Bedeutung von Schöpfung

Mögliche Verbindung zum Thema Wald: Naturschönheiten im Wald kennenlernen und bewahren lernen.

Fach: Deutsch

Lernziel: Textinterpretation und –gestaltung

Mögliche Verbindung zum Thema Wald: Sachtexte, Beschreibungen, Geschichten, Mythen, Gedichte, Wandzeitung, Interviews, Rollenspiele, Zeitungsartikel zum Thema Wald schreiben und lesen.

Fach: Werken

Lernziel: Entwerfen und Herstellen von Gegenständen aus Werkstoffen

Mögliche Verbindung zum Thema Wald: Schmuck mit Naturmaterialien bauen, Spielzeug aus Waldmaterialien bauen, Holzxylophon bauen.

Fach: Musik
Lernziel: Musikinstrumente kennenlernen
Mögliche Verbindung zum Thema Wald: Musikinstrumente aus Naturmaterialien bauen
Lernziel 2: Töne und Tonfolgen kennenlernen
Mögliche Verbindung zum Thema Wald: Vogelstimmen, Waldgeräusche.
Lernziel 3: Unterschiedliche Liedtexte kennenlernen und interpretieren
Mögliche Verbindung zum Thema Wald: Protestlieder gegen Waldzerstörung singen, hören und interpretieren.

Die Übersicht zeigt eine Auswahl möglicher Themen zu fächerspezifischen Lernzielen auf, die in einen Unterricht zum Thema „Wald“ integrierbar wären. Durch die Vielfalt können die Schüler eine Auswahl an spezifischen Themen treffen, die ihren Interessen entsprechen.

Der Lehrer ist im Projektunterricht eher beratend als lehrend tätig. Er muss im Vorfelde des Unterrichtes nach Möglichkeiten, die das Thema und der schulische Rahmen bieten, suchen und diese sammeln. Er sollte ebenfalls Hypothesen über mögliche Handlungsziele der Schüler erstellen, um bereits in voraus deren Realisierungschancen zu kennen.[153]

Was bedeutet dieses konkret für das Beispiel „Projekt Wald“?

In einem ersten Schritt zur Unterrichtsvorbereitung sollte sich der Lehrer in dem vorgesehenen Arbeitsgebiet fachkundig machen. Dieses kann er durch Eigenstudium von Literatur oder durch Befragung von Fachleuten vornehmen. Dabei gilt es zu bedenken, dass gerade ein derartig komplexes Thema nicht umfassend theoretisch vorbereitet werden kann. Es können lediglich Eindrücke und ein Überblickswissen erreicht werden. Vor dem Beginn von handlungsorientierten Unterricht sollten in einem weiteren Vorbereitungsschritt Gespräche mit den Kollegen, die andere Fächer in der Schule unterrichten, stattfinden. Somit kann gemeinsam abgestimmt werden, welche Themen anderer Kollegen in das Projekt integriert werden könnten.

- Handlungsorientierter Projektunterricht bedeutet auch immer interdisziplinärer Fachunterricht im Team von Lehrern.
- Der Lehrer ist im Projektunterricht eher beratend als lehrend tätig.
- Für die beratende Funktion im Unterricht sollte sich der Lehrer bereits im Vorfelde fachkundig machen und vielfältige Möglichkeiten erkunden.

---

153 Vgl. Meyer, H. (1996)

6.3. Außerschulische Angebote zum Thema „Wald“

Zur Vorbereitung des handlungsorientierten Unterrichtes sollte erkundet werden, welche Möglichkeiten es innerhalb und außerhalb von Schule gibt, das Thema „Wald“ zu behandeln. Bislang ist im Kapitel 6.2. auf die Möglichkeiten innerhalb von Schule eingegangen worden. Nun sollen beispielhaft die außerschulischen Angebote vorgestellt werden, die zusätzlich für das Thema nutzbar wären. Dabei können nur theoretisch mögliche Ergänzungen und Alternativen zum schulischen Unterricht aufgezeigt werden. Diese idealtypischen Beispiele sind jedoch keinesfalls allgemeingültig und werden nicht jeder Schule verfügbar sein. Sie verstehen sich lediglich als Hinweise und Anregungen für die schulische Arbeit.

Staatliche oder kommunale Forstverwaltungen betreuen und bewirtschaften die Waldflächen im Nahbereich der Schulen. Es ist somit flächendeckend vertreten und als Ansprechpartner für das Thema „Wald“ eine geeignete Adresse. Zum einen sind die vor Ort tätigen Forstbeamten im Rahmen ihrer Dienstaufgabe „Öffentlichkeitsarbeit“ auch für Schulklassen tätig. Zum anderen gibt es in den Ländern sogenannte **„Funktionsbeamte“**, die als Schwerpunktaufgabe „Waldpädagogik“ und Öffentlichkeitsarbeit besonders auch für Schulklassen anbieten. Weiterhin sind die **Jugendwaldheime** zu nennen, die von Jugendwaldheimleitern als forstlich ausgebildete Beamte der Verwaltungen geführt werden (vgl. Kapitel 2.2.2. und 4.5.2.). In den Programmen der Jugendwaldheime wechseln sich jeweils halbtäglich Arbeitszeit, waldpädagogisches Programm und Freizeit der Schulklassen ab. Jugendwaldheime sind ab 1948 von der Schutzgemeinschaft Deutscher Wald (SDW) gegründet worden. Schulklassen sollten damals die Zerstörungen des Krieges im Wald (vor allem durch die Reparationshiebe der Engländer als Wiedergutmachung für Kriegsschäden) beheben und den Wald wieder aufforsten. So wurden die Schulkinder als Arbeitskräfte eingesetzt, um die enormen Aufgaben der Forstwirtschaft in der Nachkriegszeit bewältigen zu können.[154] Mittlerweile gibt es beispielsweise in Niedersachsen elf Jugendwaldheime, die von SDW und Forstverwaltung gemeinsam betreut und organisiert werden. Heute ist es das Ziel der Jugendwaldheime, durch Kombination von praktischer Arbeit und Waldpädagogik Bewusstsein für die Belange des Waldes zu schaffen. Dieses wird zum einen als Form von Öffentlichkeitsarbeit der Forstverwaltungen verstanden, hat

[154] Vgl. Niedersächsisches Ministerium für E.L.F. (1996)

sich zum anderen aber auch zu einer begehrten außerschulischen Umweltbildungsmöglichkeit entwickelt. Jährlich besuchen ca. 5000 Schüler die niedersächsischen Jugendwaldheime. [155] SDW und Forstverwaltungen führen als ein weiteres Angebot mit Schulen zusammen **Waldjugendspiele** durch. Seit dreißig Jahren werden gesamte Schulen für einen Tag in den Wald eingeladen, um dort im Wettkampfcharakter spielerisch in einer Rallye den Wald kennen zu lernen. An unterschiedlichen Stationen, die vom Forstamt betreut werden, müssen die einzelnen Schülergruppen bei der Rallye Fragen beantworten. Anschließend gibt es leistungsgebundene Preisverleihungen für die Teilnehmer. Waldjugendspiele werden vor allem für Orientierungsstufen durchgeführt. In Niedersachsen nehmen jährlich ca. 20.000 Schüler aus 350 Schulen an den Spielen teil.[156] Kritisch lässt sich anmerken, dass Waldjugendspiele vor allem dem Leistungsanreiz unterliegen und sich nicht vorrangig mit den Zielen und didaktischen Ansprüchen von Umweltbildung verbinden lassen. Während bei der Umweltbildung mit dem Bildungsprozess für die Umwelt sensibilisiert werden soll, geht es bei Waldjugendspielen um einen Wettkampf, in dem Wissen und andere Leistungen abgerufen und beurteilt werden.

Jäger betreuen und bewirtschaften Waldflächen jagdlich. Das Jagdrecht ist dabei an Grund und Boden gebunden und kann entweder durch Pacht oder Eigentum ausgeübt werden. Durch diese gesetzliche Grundlage ist jede Waldfläche jagdwirtschaftlich betreut. Über die Hälfte aller Waldflächen werden nicht berufsmäßig (Forstbeamte oder Berufsjäger), sondern privat bejagt. Hier üben private Jäger das Jagdrecht in der Freizeit aus. Jäger haben dabei vielfältige Aufgaben, die sich nicht nur auf das Töten von Tieren beschränken, sondern auch Biotoppflege- und Naturschutzmaßnahmen einschließen. Außerdem wirken sie in ihrem Selbstverständnis als Jäger bei der Umweltbildung mit, indem sie Öffentlichkeitsarbeit betreiben. Die Initiative **„Lernort Natur“** wurde 1990 auf Bundesebene im Dachverband aller Jäger, dem Deutschen Jagdschutz Verband (DJV), begonnen. In einer Arbeitsgruppe aus Lehrern, die in ihrer Freizeit Jäger sind, wurden Lerninhalte für Schulklassen und andere Zielgruppen erarbeitet.[157] Diese sollten in den Revieren von den Jägern „im Lernort Natur“ vermittelt werden. Dabei beziehen sich die Themen vor allem auf Tiere, Pflanzen, Ökologie und die Bedeutung von Jagd. Mit dem Programm wird zwar zum einen Umweltbildung betrieben, zum anderen verfolgt es jedoch auch das Ziel „durch Aufklärung“, die Notwendigkeit von Jagd herauszustellen. Somit „versteckt“ sich hinter der Umweltbildung auch eine Öffentlichkeitsarbeit, die ein positives Image von

[155] Vgl. ebd.
[156] Vgl. SDW (1994)

Jägern vermitteln möchte. Bei dieser vorerst sehr kritischen Einschätzung der Umweltbildung von Jägern darf jedoch auch nicht vergessen werden, dass diese neben ihrer Ortskenntnis oft langjährige praktische Erfahrungen in der heimischen Natur gesammelt haben. So können sie Zusammenhänge nicht nur theoretisch sondern auch aus ihrer praktischen Erfahrung wiedergeben. Zum anderen müssen sich Jäger einer anspruchsvollen Jägerprüfung unterziehen, so dass sie mit fundiertem Fachwissen über Natur und Umwelt ausgestattet sind.

Naturschutzverbände sind vor allem auf Kreisebene organisiert. Auch sie sind überall in Deutschland vertreten. Vor allem die folgenden Verbände bieten Umweltbildung zum Thema „Wald" an: Naturschutzbund Deutschland (Nabu), Bund für Umwelt und Naturschutz Deutschland (BUND), Schutzgemeinschaft Deutscher Wald (SDW) und nicht zuletzt die zahlreichen kleineren Verbände, die regional organisiert sind. Da die Tätigkeit der Verbände in den Kreisen vor allem auf ehrenamtlicher Mitarbeit basiert, sind deren Möglichkeiten und Kapazitäten oft eingeschränkt. Durch ABM-Mittel gibt es auch feste Mitarbeiter in den Einrichtungen. Umweltbildung ist für viele Naturschutzverbände in ihrer Satzung als eine gemeinnützige Aufgabe festgelegt.

Die Verbände unterhalten auch einige **Umweltzentren (UZ)**, die regional als **Regionale Umweltzentren (RUZ)** wirken. Andere RUZ`s werden von Kommunen, Vereinen oder Verwaltung betrieben. So sind dieses Informationshäuser und auch Einrichtungen, die Umweltbildung sowie praktischen Naturschutz anbieten. Die meisten der Umweltzentren sind in der Arbeitsgemeinschaft für Natur- und Umweltbildung (ANU) organisiert.

Diekmann beschreibt ein Umweltzentrum als: [158]

... eine Stätte der Umweltbegegnung
... eine Stätte für Unterricht in der Natur
... ein Zentrum für anschauliche Energiegewinnungsmöglichkeiten
... eine Einrichtung für Biologieunterricht im Freien
... einen botanischer Garten mit ökologischen Beispielen

---

[157] vgl. DJV (1992)
[158] Diekmann, H. (1993), S. 27

Das Hauptziel der Umweltzentren ist die vielfältige Umweltbildungsarbeit als Unterstützung der schulischen Arbeit. Die genauen Aufgaben und strukturellen sowie organisatorischen Rahmenbedingungen werden im Anhang angeführt. 1996 konnten von Kochanek 479 Umweltzentren ermittelt werden. Das Thema „Wald“ ist als inhaltlicher Schwerpunkt ein fester Bestandteil der Umweltbildung von Umweltzentren.[159] **Schulbiologiezentren** arbeiten auf Kreisebene mit dem Ziel, die Arbeit der Schulen im Hinblick auf den Biologie- und naturkundlichen Unterricht zu unterstützen. So halten diese neben *Angeboten der Lehrerfortbildung* auch *Programme für Schulklassen* und *Leihmöglichkeiten von Lehr- und Lernmaterialien* bereit. In Hannover wurde 1962 als das erste Zentrum dieser Art in Deutschland gegründet. Es ist eine der größten Einrichtungen und beschäftigt ungefähr 30 Mitarbeiter, die sowohl pädagogisch in der Umweltbildung als auch in der Pflege der Außenflächen und in der Organisation tätig sind. Das Zentrum wurde von Winkel[160] aufgebaut und gilt heute als „Prototyp“ eines schulbiologischen Umweltzentrums. Betreut werden Schulbiologiezentren vor allem durch Lehrer, die für diese Tätigkeiten mit einigen Stunden abgeordnet sind. Dadurch sind auch hier die Kapazitäten für das Umweltbildungsangebot eingeschränkt. Das Thema „Wald“ gehört neben zahlreichen anderen Themen zu den Angeboten der Zentren. Ihre einzelnen Schwerpunkte sind jedoch je nach Zentrum unterschiedlich und auch von den regionalen Möglichkeiten abhängig. Die Schulbiologiezentren sind nicht flächendeckend in Deutschland verteilt. Sie ergänzen dabei die anderen Umweltzentren. In Niedersachsen sind derzeit Schulbiologiezentren in Lüneburg, Hildesheim und Hannover vorhanden.[161] **Freiberufliche Anbieter von Umweltbildung** arbeiten meistens auf selbstständiger Basis und ohne räumliche Möglichkeiten. Das neue Berufsbild „des selbständigen Umweltpädagogen“ hat sich als Alternative zur Arbeitslosigkeit aus einer beruflichen Notlage heraus gebildet. So bieten vor allem Naturwissenschaftler und Pädagogen ihre Dienstleistungen in der Umweltbildung an. Das Angebot reicht dabei von der Waldpädagogik bis zur ökologischen Erlebnispädagogik, vom „event“ mit Firmen bis zur außerschulischen Umweltbildung mit Schulklassen.

[159] Vgl. Kochanek et. al. (1996)
[160] Gerhard Winkel hat während seiner Tätigkeit als Leiter des SCHUBZ Hannover das pädagogische Konzept vom ganzheitlichen Lernen entwickelt. Dieses wurde in dieser Arbeit bereits im Kapitel 3 vorgestellt.
[161] Vgl. NNA und ANU, Hrsg. (1999)

Die Rucksackschule als Modellprojekt im Harz (vgl. Kapitel 3) verstand sich als unternehmerisch tätige Institution, die Umweltbildung anbietet. Sie ist jedoch damals an der Vorgabe, finanziell autark zu arbeiten, gescheitert.[162] Als selbständige Unternehmer müssen sich Freiberufler gewinnorientiert finanzieren, so dass sie mit einem Stunden-Honorar von DM 50,- bis 100,- für die Umweltbildungs-Dienstleistungen oft sehr teuer sind. Anbieter von Umweltbildung für Schulklassen müssen über innovative Methoden und Ideen verfügen, um *konkurrenzfähig zu sein und sich im Markt zu etablieren.*[163] Ein weiterer Vorteil bei diesem Angebot ist, dass die freiberuflich tätigen Umweltpädagogen nicht örtlich gebunden sind. Sie können somit die Schulen besuchen und deren vertraute Umgebung bei der Umweltbildung miteinbeziehen. Dieser Vorteil mindert die negative Wirkung der teuren Honorare, da gleichzeitig Buskosten zu weiter entfernten Umweltzentren entfallen. **„Umweltmobile" und „rollende Waldschulen"** kommen ebenfalls zu den Schulen. Ihre Träger sind Naturschutzverbände oder auch Kommunen. Das Ziel ist es, Materialien zur Umweltbildung mobil einzusetzen und in einem Fahrzeug (Bus, Hänger oder ähnlichem) unterzubringen. Durch den Einsatz des Umweltmobiles erhalten Schulklassen für einen Tag oder auch länger materielle und personelle Unterstützung, um Umweltbildung vor Ort durchführen zu können. Die Umweltmobile sind jedoch nur in geringer Zahl in Deutschland vorhanden, so dass sie sehr lange Wartezeiten für eine Nutzung haben.

Zwei weitere Möglichkeiten sollen die Vorstellung der außerschulischen Lernorte für das Thema Wald abrunden: Es bieten sich sowohl Schullandheime und auch Umweltstudienplätze in Jugendherbergen dafür an, Klassenfahrten für die Erarbeitung umweltrelevanter und projektbezogener Themen zu nutzen. **Schullandheime** haben sich aus der reformpädagogischen Bewegung zum Ende des 19 ten Jahrhunderts gebildet (vgl. auch Kapitel 4.5.). Dort haben vor allem Hahn, Fröbel und Lietz sogenannte „Landerziehungsheime" ins Leben gerufen. Als eine Abwandlung davon wurden Schullandheime gegründet, die heute im Verband Deutscher Schullandheime e.V. zusammengeschlossen sind. Diese sollen auch den Schülern aus den städtischen Regelschulen zumindest einmal in ihrer Schulzeit einen ein- bis mehrwöchigen Aufenthalt in der Natur ermöglichen. Während in Landerziehungsheimen die Schüler in einem Internat untergebracht sind und dort gemeinsam über mehrere Schuljahre leben, ermöglichen Schullandheime einen kurzen Aufenthalt von Schulklassen. In Deutschland gibt es derzeit etwa 400 Schullandheime, die von 800.000

---

[162] Vgl. Trommer, G. (1991)

[163] Vgl. Reuther, C. in: Dempsey, Janßen, Reuther, Hrsg. (1993)

Schülern jährlich für die Dauer von 1 bis 3 Wochen besucht werden.[164] Oft unterhalten Fördervereine von Schulen dabei die Heime und ermöglichen es ihren Schülern, dort hinzufahren. Boppel und Reichel weisen auf eine hohe Bedeutung der Schullandheime für die Öffnung von Schule in heutiger Zeit hin. Sie verstehen diese dabei als Schule an einem anderen Ort. In Bezug auf Umweltbildung bieten sich die Schullandheime zur Verbesserung der ökologischen Bildung an, da die institutionellen Rahmenbedingungen der Schule hier überwunden werden können.[165] Somit kann ein Schullandheimaufenthalt die Bearbeitung des Themas Wald im handlungsorientierten Unterricht gewährleisten. **Umweltstudienplätze an Jugendherbergen** haben ähnliche Hintergründe wie Schullandheime. Zusätzlich werden sie pädagogisch und fachlich betreut und haben spezielle Ausstattungsgegenstände für die Umweltbildungsarbeit. Der Wald-Umweltstudienplatz in Brilon konstituiert sich zum Beispiel aus der Kooperation von Umweltpädagogen und Forstamt. So führt ein abgeordneter Lehrer zusammen mit dem Forstamt ein spezielles Programm für Schulklassen zum Thema Wald durch. Da Umweltstudienplätze in Deutschland aufgrund von Finanzierungsschwierigkeiten noch sehr selten sind, haben sie sehr lange Wartezeiten. *Das Büro für Naturerlebnispädagogik* in Lüneburg bietet ein vergleichbares Programm für die Jugendherberge in Lüneburg an. Dabei handelt es sich um eine Kooperation zwischen Jugendherbergswerk und einem gewerblichen Dienstleister.

Mit dem folgenden Überblick werden verschiedene Möglichkeiten von außerschulischer Umweltbildung zum Thema „Wald" aufgezeigt. Dabei wird deutlich, dass diese sehr vielfältig vorhanden sind.

Foto 3: Gemeinsame Walderlebnisse - Schüler, Lehrer, Studentin und Förster

---

[164] Kruse, K. (1992), S. 9

[165] Vgl. Boppel, W., Reichel, N. (1992), S. 17 ff.

6.4. Naturerlebnispädagogik in der außerschulischen Umweltbildung

In welcher Form *Naturerlebnispädagogik* für das Projekt „Wald“ bei der außerschulischen Umweltbildung berücksichtigt wird, soll im weiteren Verlauf betrachtet werden. Dazu liegen Ergebnisse von Umfragen zu der Tätigkeit und dem Konzept von unterschiedlichen Umweltzentren und Jugendwaldheimen in Deutschland vor. Diese sollen im Hinblick auf die Bedeutung von *Naturerlebnispädagogik* untersucht und vorgestellt werden.
Die Umfrage „zur Arbeit von Umweltzentren im wiedervereinten Deutschland und im zukünftigen Europa“ wurde 1992 als Vorbereitung zu einem Kongress durchgeführt. Dabei konnten europaweit 221 Zentren befragt werden. Die Zentren wurden sowohl nach organisatorischen als auch nach inhaltlichen und konzeptionellen Aspekten in einer schriftlichen Fragebogen-Umfrage angesprochen. [166] An dieser Stelle sollen lediglich die Ergebnisse im Hinblick auf inhaltliche und methodisch-didaktische Bezüge vorgestellt werden. Dabei sind die Angaben nicht absolut, sondern relativ, da Mehrfachnennungen bei der Umfrage möglich waren.
45% aller Zentren sehen einen Schwerpunkt ihres Bildungskonzeptes in dem „Angebot von Erfahrung“. Leider ist diese Beschreibung sehr unkonkret, so dass die damit verbundene genaue Bedeutung von Erfahrung offen bleibt. Erfahrungen lassen sich schließlich in ganz unterschiedlichen Bereichen der Umweltbildung sammeln. So könnte es sich dabei um soziale, handwerkliche, und Naturerlebnis- Erfahrungen handeln.
Die Bedeutung von Naturerleben in der Beschreibung der inhaltlichen Schwerpunkte der praktischen Arbeit der Umweltzentren wird genauer beschrieben. So gaben 75% (relative Zahl) an, dass sie Naturerleben als inhaltlichen Schwerpunkt für ihr Zentrum ansehen würden. Die didaktische Richtung wurde mit 48% als erfahrungsorientiert und mit 12% als Schwerpunkt „Lernen mit allen Sinnen“ beziffert. Ebenfalls 12% der Umweltzentren gaben an, dass sie Unterricht bei der Umweltbildung durchführen würden.[167] *Naturerlebnispädagogik* wird den Ergebnissen der Umfrage zufolge von den Umweltzentren sowohl als Inhalt, als Methode, sowie als eigenes Bildungskonzept verstanden. Dieses zeigt zum einen deren große Bedeutung und Wertschätzung, zum anderen belegt es aber auch einen pädagogischen Forschungsbedarf über Naturerleben.

[166] Vgl. Dempsey, Janßen, Reuther, Hrsg. (1993)

Die Diplomarbeit von Stelling hat sich mit der Tätigkeit von Jugendwaldheimen in Niedersachsen beschäftigt. Dieser hat 1995 elf Jugendwaldheimleiter in Niedersachsen mittels Fragebogen befragt, um Aussagen zu Inhalten, Methodik und Problemen von Jugendwaldheimen zu erhalten. Das Ergebnis kann dazu genutzt werden, um die Bedeutung von *Naturerlebnispädagogik* in der Waldpädagogik herauszufinden. Neun von elf Jugendwaldheimleitern gaben an, dass sie Naturerfahrungsspiele zum Thema „Wald" häufig nutzen würden. Acht nannten Sinneswahrnehmungen als weitere häufige Aktivität bei ihrer Arbeit mit Schulklassen. Die anderen schätzten beide Methoden für ihre Arbeit als eher unbedeutend ein. Sie würden darauf kaum zurückgreifen.[168]

Zusammenfassend lässt sich für die Betrachtung von außerschulischen Möglichkeiten für handlungsorientierten Unterricht am Beispiel „Projekt Wald" folgendes festhalten:

Außerschulische Möglichkeiten für die Schule beim „Projekt Wald":

- „Wald" ist ein Thema in der Umweltbildung, dass häufig und von ganz unterschiedlichen außerschulischen Einrichtungen angeboten wird.
- Es muss vorab individuell für jede Schule in der Vorbereitung von handlungsorientiertem Unterricht (unabhängig vom Thema „Projekt Wald") erkundet werden, welche Möglichkeiten der außerschulischen Umweltbildung jeweils vorhanden und verfügbar sind. Dabei werden regional sehr unterschiedliche Möglichkeiten nutzbar sein.
- Idealerweise bieten Forstverwaltungen, Jäger, Naturschutzverbände, Umweltzentren, Schullandheime, Umweltstudienplätze und freiberuflich tätige Umweltbildner Möglichkeiten zum Thema „Projekt Wald" an.
- Die Einrichtungen haben ganz unterschiedliche Ziele und Motivationen, Umweltbildung durchzuführen. Für schulklassenspezifische Belange sollten daher die einzelnen inhaltlichen Ausrichtungen und Schwerpunkte erkannt und gezielt ausgewählt werden.
- Die Vorstellungen von *Naturerlebnispädagogik* sind in der außerschulischen Umweltbildung sehr vielfältig und unkonkret. Sie wird aber als ein wichtiger inhaltlicher Schwerpunkt angesehen und ist wesentlicher Bestandteil der Umweltbildungsarbeit.

[167] Vgl. Dempsey, Janßen, Reuther, Hrsg. (1993)
[168] Stelling, T. (1995), S. 24

6.5. Das Thema „Wald" – Praktische Beispiele zur Naturerlebnispädagogik

Bislang konnten erforderliche Lernziele und vermutete Handlungsziele der Schüler erkundet werden. Darauf aufbauend wurden umfassende Möglichkeiten für den handlungsorientierten Unterricht ermittelt und können später vorgestellt werden. Eventuell haben Gespräche mit außerschulischen Einrichtungen stattgefunden, um eine Zusammenarbeit anzukündigen und abzusprechen. Diese Vorabsprachen sind wichtig, da die Einrichtungen meistens lange Wartezeiten haben.

In der **Einstiegsphase** verschaffen sich die Schüler eine konkrete Orientierung über das neue Thema. Dabei sollte ein handelndes Erproben der Sach-, Sinn- und Problemzusammenhänge von „Wald" stattfinden. *Naturerlebnispädagogik* kann bereits in dieser Stufe genutzt werden, um einen emotionalen Zugang zum Wald herzustellen. Dabei könnte die sinnliche Wahrnehmung von Wald für diesen sensibilisieren und seine Vielfalt verdeutlichen. Im Nahbereich der Schule könnten Naturerlebnisse ermöglicht werden. Eine Zusammenarbeit mit Freiberuflern, die zur Schule kommen, wäre dabei vorstellbar. Eine andere Möglichkeit wäre ein Besuch des Försters, der durch sein Revier führt und umfassende Eindrücke über den Wald vermittelt. Durch den Einbezug der örtlichen Gegebenheiten wird am konkret greifbaren Beispiel eine Orientierung geschaffen. Dieses ist nach Winkel (vgl. Kapitel 5.2.) besonders für die vorpubertäre Zeit als „Erkundungsphase" von großer Bedeutung. Etwas Bekanntes kann Orientierung gewähren und dabei gleichzeitig auch neu erkundet und erlebt werden. Die Schüler können sich auch selbständig durch eigene Recherchen über das Thema „Wald" im Nahbereich ihrer Schule informieren.

Nach der Orientierungszeit legen Schüler und Lehrer gemeinsam das **Handlungsprodukt des Themas** fest. Sie bestimmen dabei im Konsens inhaltliche Schwerpunkte und das gemeinsam zu erreichende Produkt. Dabei muss zwischen Lernzielen und Handlungszielen vom Lehrer und den Schülern eine Einigung erzielt werden, die für beide Parteien zufriedenstellend ist. Als Einstieg könnte der Lehrer zuvor erkundete Möglichkeiten für die Erarbeitung des Themas „Wald" vorstellen. Die Schüler können davon die für sie interessanten Angebote aussuchen. Aufgrund der inhaltlichen Komplexität des Themas ist es ratsam, **Gruppen für die Arbeit nach Themenschwerpunkten** zu bilden.

Die Gruppenbildung kann beispielsweise nach einzelnen Lernzielen in den Fächern erfolgen. Sofern bereits **Projektideen** aus der Orientierungsphase hervorgegangen sind, können diese aufgenommen und ebenfalls von einzelnen Gruppen verfolgt werden. Es gibt dabei sehr vielfältige Möglichkeiten für Projekte: Als Beispiele lassen sich anführen: Pflanzung von Forstkulturen, Maßnahmen zum Schutz und zur Förderung von Tieren (Nistkästen, Ameisenhaufen), „Kartierung“ und Beschreibung von Waldflächen, Bearbeitung von Holz. Für die Realisierung der Projektideen ist die Kooperation mit außerschulischen Umweltbildungseinrichtungen sinnvoll. So können diese auch Flächen, Materialien und benötigte Finanzmittel bereitstellen. Von den Schülern können Naturschutzverbände (z.B. SDW und Jägerschaft oder Forstverwaltung) als außerschulische Projektpartner angesprochen werden. Natürlich müssen Lehrer oder Eltern den Kontakt zu den Projektpartnern herstellen und bei Absprachen behilflich sein.

Die Gruppen verfolgen im handlungsorientierten Unterricht ganz verschiedene Handlungsziele. Bei der **Erarbeitungsphase** kann es auch zur Trennung von schulischer und außerschulischer Aktivität kommen. Sofern in der Nähe Umweltzentren vorhanden sind, können diese ebenfalls miteinbezogen werden. Auch die anderen außerschulischen Lernorte und Möglichkeiten sind in dieser Phase zu berücksichtigen. Ein Aufenthalt mit der ganzen Klasse in einem Jugendwaldheim könnte die Erarbeitung von Themen fortsetzen. Gleichzeitig hätte die Klasse die Gelegenheit, auch praktisch das Thema Wald zu bearbeiten. Sofern eine Kombination mit anderen Lernorten erfolgt, sollten sich diese auch didaktisch in den handlungsorientierten Unterricht einfügen. Nach vorherigen Absprachen können inhaltliche Schwerpunkte in den Gruppen oder der gesamten Klasse vertieft werden.

In der **Auswertungsphase** werden die Ergebnisse der Gruppen zusammengeführt und diskutiert. Der Lehrer ist als Ansprechpartner für Fragen und Probleme der Schüler gefragt. Projekte müssen nun abgeschlossen sein, werden protokolliert und den anderen Gruppen oder der Schule vorgestellt. Eventuell ist die Presse einzuladen, um besondere Gruppenergebnisse bekannt zu geben. In dieser Phase sollte ein Austausch der Ergebnisse unter den Schülern erfolgen. Dadurch werden die Handlungsprodukte zusammengeführt und sind der gesamten Klasse zugänglich. *Naturerlebnispädagogik* kann von den Schülern einzelner Gruppen dazu genutzt werden, Zusammenhänge auch für andere Schüler zu verdeutlichen. Dann treten die Schüler zum Beispiel in die Rolle von „Naturinterpreten“ (vgl. Kapitel 3.3.5.).

Zur Übung und Festigung sind die Ergebnisse von allen Schülern festzuhalten und eventuell abzufragen. Waldjugendspiele bieten sich besonders bei diesem handlungsorientierten Unterricht an. Sie können in den Unterricht als Wiederholung des Themas „Wald" integriert werden. Durch Vermischung der vorherigen Unterrichtsgruppen können „Spezialisten" ihr Fachgebiet bei der Bearbeitung der Fragen einbringen und sich gegenseitig in der Gruppe helfen. Dabei wird ihr Wissen reflektiert. Dadurch können Sozialkompetenzen verbessert und die eigene Kontrolle ermöglicht werden. Waldjugendspiele sind jedoch vorher zwischen Schule und Forstamt auf die Themen des handlungsorientierten Unterrichtes abzustimmen. Die Schüler könnten noch Fragen und bestimmte Interessen zum Thema „Wald" haben. Auch an dieser Stelle kann noch ein Jugendwaldheimeinsatz oder ein Projekttag mit der Forstverwaltung erfolgen, um Projekte durchzuführen oder Fragen zu klären.

Der handlungsorientierte Unterricht macht es erforderlich, den herkömmlichen schulischen Rahmen besonders bei umweltrelevanten Themen zu überschreiten. Daher bieten sich besonders Schullandheime und Umweltstudienplätze dafür an, „Freiräume" für die Bearbeitung des Themas Wald zu schaffen. Diese Einrichtungen sind besonders für die Bearbeitung dieses komplexen Themas anzuraten. Sinnvoll ist es meiner Meinung nach, den Aufenthalt als Einstieg zu Beginn der Unterrichtseinheit zu nutzen. Dann kann die intensive Beschäftigung mit dem Thema als Orientierung zur Vereinbarung eines Handlungsproduktes und für Projektideen und -planungen genutzt werden.

Foto 4: Die Geschichte vom kleinen Eichelhäher „Hannibal"

7. Multimediale Umwelterlebnisse

Vorbemerkungen zu diesem Kapitel

Bei meiner praktischen Umweltbildungsarbeit ist mir aufgefallen, dass manche Kinder und Jugendliche andere Vorstellungen und Erwartungen von „Umwelt“ haben als diejenige, welche sie draußen selbst erleben.

Zum Beispiel werden jahreszeitliche Phänomene wie „Laubfall“ und „Frühblüher-Aspekt“ kaum noch mit der jeweiligen Jahreszeit in Verbindung gebracht, sondern sie werden vielmehr als beliebig beeinflussbar wahrgenommen. Die mir gegenüber geäußerten „Einsichten“ und „Erfahrungen“ haben die zumeist jüngeren Kinder dabei vor allem über multimediale Spiele am Computer erlangt. Diese Feststellung hat mich interessiert, und ich wollte Ursachen und Zusammenhänge der „veränderten Wahrnehmung von Welt“ untersuchen. Für mich als Förster ist beispielsweise die Darstellung „einer virtuellen Buche“ auf dem Bildschirm eines Computers nicht „real“. Bei den Kindern und Jugendlichen, die heute teilweise mehr Freizeit am Computer als in der Natur verbringen, scheint die „Bildschirmwahrnehmung“ andere Assoziationen und Wirklichkeiten auszulösen als die von mir beschriebene. Ich wollte der Technik-Faszination und dem „virtuellen Verständnis“ literarisch nachgehen und habe mich dem Thema in dem folgenden Kapitel vor allem philosophisch „genähert“. Mit der Betrachtung soll der Begriff einer „Naturerlebnispädagogik“, wie er zuvor von mir dargestellt wurde, um eine weitere (neue) Dimension ergänzt werden. Darüber hinaus sind zu dieser Thematik empirische Forschungen dringend erforderlich. Ich möchte aber versuchen, mit den zusammengetragenen „thesenartigen Aphorismen“ beim Leser eine anregende Diskussion zu entfachen.

7.1. Computer zur Reformation des schulischen Unterrichtes?

In der gegenwärtigen schuldidaktischen Diskussion wird die Einbindung des Computers mit seinen multimedialen Möglichkeiten und Anwendungen als Unterrichtsmittel betrachtet. Politik und Wirtschaft fordern eine multimediale Vernetzung von Schulen. Im Programm „Schulen ans Netz“ sollen ungefähr 40000 Schulen im Lehrerzimmer und ab 2001 auch in den Klassenräumen mit Internet ausgestattet werden. Danach sollen Zuschüsse für schülereigene Laptops vergeben werden. Vgl. SaN 2000.

Es lässt sich somit ein Trend in der Schule beobachten, bei dem das Unterrichtsmittel „Buch“ durch den Computer abgelöst werden könnte.

Was für Vor- und Nachteile „Multimedia“ im Unterricht haben kann, werde ich im folgenden darstellen. In der Betrachtung geht es um eine „neue Welt“, in der als virtuelle Welt Erlebnisse und Erfahrungen gesammelt, Probleme gelöst und damit neue Handlungskompetenzen erworben werden. Diese beziehe ich als Beispiel auf die schulische Umweltbildung und die Möglichkeiten von virtuellen Erlebnissen und Erfahrungen mit Multimedia. Zu alleeerst muss geklärt werden, was eigentlich „neue Medien“ und „Multimedia“ sind. Der Begriff „Neue Medien“ wurde erstmals in den 70er-Jahren durch die Innovationen im Bereich der Informations- und Speichermedien (z.B. Kabelfernsehen, Videofilme) verwendet. Aktuell beschreibt der Begriff die computer- und digitale Erzeugung, Speicherung und Darstellung von mehreren zeitab- und unabhängiger Medien. Dieses wird auch als „Multimedia“ aufgefasst. Das Besondere dabei ist die Integration verschiedener Medien (wie Bild, Video, Ton) im Computersystem und die interaktive Verknüpfung zwischen Präsentations- und Verarbeitungsformen. Wenn an dieser Stelle die Begriffe „Neue Medien“ und „Multimedia“ verwendet wird, so soll dieses die Verwendung von Software, Internet und darüber auch Kommunikationsebenen wie E-Mail ausdrücken.

7.2. Das Neue am Lernen mit Computern

Bisheriger Unterricht bestand vorwiegend aus der Rezeption und Produktion ausschließlich von Sprache als Informationsdarbietung. Multimedia hingegen fördert die Integration anderer Symbolsysteme wie Bilder und Geräusche. Damit kann die Anschaulichkeit verbessert werden. Besonderheiten von Multimedia sind die multimedialen Darstellungsmöglichkeiten, die eine authentische Problemdarstellung in Form zum Beispiel einer Geschichte ermöglichen können. Das Problemlösen ist generativ möglich, das heißt, dass die Schülern eigenständig eine Lösung entwickeln können und dafür selber alle Daten und Angaben im Medium „Computer“ abrufen können. Eine fächerübergreifende oder mehrperspektivische Betrachtung kann anhand der differenzierten Informationsauswahl erfolgen. Zum anderen sind mit der Kommunikationsebene des Internets Expertenbefragungen in der ganzen Welt möglich. Somit können ganz unterschiedliche Blickwinkel bei der Aufgabenbearbeitung von den Schülern einbezogen werden.

Schulz-Zander (1997) spricht in diesem Zusammenhang von einer „neuen Perspektive von Lernort und Lernsituation“. Da der schulinterne Computer zum Universalmedium für Lehr- und Lernprozesse wird, wird durch ihm die Schule als Lernort weltweit geöffnet. Auch die Lernsituation ändert sich mit dem multimedialen Einsatz: Während der klassische Unterricht meistens als „Lerninsel“, also als räumlich- und zeitlich begrenzt und personal angeleitet stattfindet, wird die Inselsituation mit dem Computer durchbrochen. Die Grenze zwischen Lehrenden und Lernenden wird aufgehoben, da die Lernenden selbständig und selbsttätig ihr Lernen organisieren. Lehrer werden strukturell zum „coach“ oder zum Vermittler von Lernstoff und Lernaufgabe. Die klassischen Schüler- und Lehrerrollen ändern sich somit. Während Schülern eigenaktiver werden und selber bestimmen können, was und wie sie lernen, wird die Lehrerinnenperson zum Organisator von Lernprozessen. Schulz-Zander sieht die pädagogische Qualität des Computereinsatzes vor allem durch die Individualisierung von Lernprozessen begründet. Dabei werden Schüler zur Aktivität herausgefordert und bekommen direkt und unmittelbar Rückmeldung über Ergebnisse und Folgen des Handelns. Dieses wird auch als „Interaktivität“, also als Zusammenspiel von Nutzereingaben und Programmreaktion, aufgefasst.

In der gegenwärtigen bildungspolitischen Diskussion geht es um die Frage nach zukünftigen Bildungszielen in der Gesellschaft. So fand 1996-98 in der Delphi-Studie die Expertenbefragung zu den Potentialen und Dimensionen der Wissensgesellschaft statt. Als Ergebnis wurde festgestellt, dass der Vermittlung breitgefächerter Allgemeinbildung mit Kernkompetenzen eine große Bedeutung zukommt. Mit strategischer, interkultureller, psychohumaner, lerntechnischer und lernmethodischer sowie Medienkompetenz sollte schulische Bildung zur Lösung von gesellschaftlichen Problemen befähigen. Dabei soll der Aufbau der Kompetenzen einen engen Bezug zum Leben, zu den Interessen der Lernenden haben und unter selbstgesteuerten und selbstverantworteten Lernen stattfinden. Als wichtigste daraus abgeleitete Forderung der Studie kann gelten, dass die Fähigkeit Denken, Entscheiden und Handeln in Systemzusammenhängen als wesentliche Schlüsselqualifikation für die zukünftige Bewältigung gesellschaftlicher Anforderungen angesehen werde.

Unterschiedliche Autoren sehen die Ausbildung von gesellschaftlicher Handlungskompetenz als das bedeutsamste Ziel von Unterricht an. Klafki greift dieses ebenfalls in der Ausbildung von Kompetenzen zur Bewältigung von epochaltypischen Schlüsselproblemen auf.

Bislang war es für Schule schwierig, komplexe gesellschaftliche Probleme unterrichtlicht zu erfassen und didaktisch für Schüler bearbeitbar zu gestalten. Mit dem multimedialen Einsatz ergeben sich jedoch vielfältige Möglichkeiten der offenen Lernformen zu komplexen Themenbereichen. Vielfältige Informationen, die zum Problemlösen nötig sind, können durch Multicodierung sehr einfach und übersichtlich abgerufen werden. Dabei sind Internet- Informationen von einem hohen Grad an Aktualität gekennzeichnet. Lernangebote beziehen den Aspekt der Schülerorientierung in den Unterricht ein. So sind sie damit flexibel, da sie individuell an den Wissensstand von Schülern angepasst sind und zugleich kooperative Lernformen ermöglichen. Dadurch, dass Lernprozesse ohne vorgegebene Strukturen ablaufen, sind sie von den Schülern vielfältig gestaltbar. Dieses erfordert die Ausbildung von heuristisch-strategischen Kompetenzen.
Unterschieden werden müssen beim Einsatz von Multimedia zwei Paradigmen, welche die didaktische Qualität maßgeblich bestimmen. Während beim Instruktionsparadigma bei Software die Strukturen von den Programmieren vorgegeben wurden, steht die Informations-Erschließung bei einer Simulation im Problemlösungsparadigma im Vordergrund. Letzteres ist für das selbstgesteuerte Lernen wesentlich.

7.3. Neue Medien und Konstruktivismus

Als didaktische Begründung für den multimedialen Einsatz wird die konstruktivistische Lerntheorie gesehen. Dort besteht die Annahme, dass Wissen immer situationsabhängig von jedem einzelnen individuell konstruiert wird. Konstruktivistisches Lernen bedeutet, dass die Lernenden in einem zur Verfügung gestellten Erfahrungsraum (Computer, Umwelt, Klassenzimmer, Schulhof...) an ihren eigenen Erfahrungshintergrund anknüpfen können und zur Ausdifferenzierung ihrer kognitiven Konzepte aufgefordert sind. Vgl. Maturana, 1994.
Mit dem Einsatz von interaktiven Medien im Unterricht „wird Lernen zu einem konstruierenden eigenaktiven und selbstorganisierten Prozess der Schüler, um Wissen neu aufzubauen, umzuordnen oder zu erweitern“ (vgl. Schulz-Zander, 1997). Somit wird die erkenntnistheoretische Perspektive verfolgt, die „das Erkennen“ nicht als eine Repräsentation der Welt draußen versteht, sondern als ein andauerndes Hervorbringen einer Welt durch den Prozess des „Er“-lebens selbst (Maturana, 1987).

Eine Lernsituation bestimmt, inwieweit das Wissen später anwendungsbezogen genutzt werden kann. Unter Lernsituation werden die Möglichkeiten verstanden, mit denen der Lernprozess umgesetzt wird, so zum Beispiel „Handlungsorientierung" und „Lebensweltorientierung". Unterschiedliche Autoren führen aus, dass der wesentliche Vorteil von Multimedia-Lernsoftware gerade darin liegt, dass vielfältige Situationen aus der Lebenswelt der Kinder mit konkreten Handlungsanwendungen ermöglicht werden. Zum anderen kann dem didaktischen Lernprinzip der Selbstbestimmtheit durch die eigene Wahl des Lernweges und Lernfortschrittes bei Nutzung von entsprechender Software und Internet entsprochen werden.

7.4. Konstruktivistische Betrachtung von Erlebnissen und Erfahrungen im Unterricht

Man muss sich jedoch bei dieser Betrachtung auch fragen, inwieweit mit dem Computer primäre, also unmittelbare Erlebnisse durch sekundäre (= künstlich erzeugte) Signale ersetzbar sind. Kindt führte vor kurzem aus, dass „Multimedia die Kunst ist, die Wirklichkeit durch Metaphern zu ersetzen..." (Kindt, 2000). Diese provokante Definition soll zum Anlass genommen werden, sich mit Qualitäten von sekundärer Erfahrung und Erlebnissen und mit den Begriffen „Wirklichkeit" und „Realität" zu beschäftigen.

Die Existenzphilosophen Bollnow und Dewey weisen insbesondere auf die Besonderheit von originalen Umwelterlebnissen zur Erfahrungsbildung hin. Im Hinblick auf eine Zunahme des Computers im schulischen Unterricht als Lernmedium stellt sich die Frage nach den Qualitäten medial vermittelter Erlebnisse. Festzustellen ist heute, dass mediale Begegnungen sehr authentisch reproduziert werden können. So kann Natur und Umwelt in Software und Internetpräsentationen nahezu originalgetreu abgebildet werden. Durch bewusste Veränderungen einzelner Reize lässt sich der Erlebnischarakter ausweiten und ganz spezifisch verdichten. Das wesentliche Merkmal virtueller Erlebnisse ist deren von Zeit und Ort unabhängige Verfügbarkeit. Originale Erlebnisse hingegen als eine direkte Begegnung mit Objekten und Situationen sind weder zeitlich und räumlich beeinflussbar und nur eingeschränkt konzentrierbar. Was ist nun wirklicher, oder realer - die originale Begegnung mit der Umwelt oder eine medial dargestellte Umwelt?

Der Medienphilosoph Fritz ist der Auffassung, dass die Wirklichkeit von Welt als Konstruktionsleistung des Gehirnes als Zusammenspiel von Sinnesreizen und Nervensystem anzusehen ist. In Bezug auf Umwelterfahrungen mit allen Sinnen bedeutet dieses, dass Sinnesempfindungen nicht in den Organen entstehen, sondern das Gehirn als Ergebnis eines internen Verarbeitungsprozesses zur Deutung und Bewertung der Signale nach eigenen Kriterien sind. So könnte man konstruktivistisch feststellen, dass wir nicht mit den Augen sondern mit dem Gehirn „sehen". Das Gedächtnis ermöglicht uns erst das Wiedererkennen und die Unterscheidung von Dingen. Dabei wird nicht die *Qualität der Erregungsursache* beispielsweise durch originale Naturerfahrung, sondern ausschließlich die *Quantität der Erregung* kodiert. Man könnte somit meinen, dass es für die Erlebnisqualität unerheblich ist, ob sensorische Erregungen durch mediale Bilder oder über die originale Begegnung ausgelöst werden.
Welsch fasst dieses in der Aussage zusammen: „Wir leben von Bildern in unseren Köpfen, und da ist es egal, ob diese nun medial oder unmittelbar erzeugt werden..." (vgl. Welsch, 1997). Eine Weltvorstellung spiegelt sich demnach als „Mosaik elementarer Erregungszustände, die vom Gehirn gedeutet, berechnet und verarbeitet werden, wider..." (Fritz, 1999). Lernprozesse sind erforderlich, um anhand von Merkmalskombinationen Verstärkungen von Eindrücken zu erreichen. Gedächtnis wird somit zum „wichtigsten Sinnesorgan", da die Wahrnehmung aus der Brille des Gedächtnisses heraus stattfindet. Frühere Wahrnehmungen, besonders aus frühkindlicher Zeit, bestimmen daher die aktuelle mit.

Durch den Versuch des Menschen, Reizeindrücke zu ordnen, konstruiert er seine Lebenswelt. Somit ist sein Weltverständnis ein Versuch, Wirklichkeiten in Welten zu fassen, und es ist dynamisch und offen. (Fritz, 1999). Die Lebenswelt ist dabei ein geordneter Wirklichkeitsbereich, in dem immer wieder teilgenommen wird, und der als spezifisch vorgegeben erscheint. Sie wird dabei aus verschiedenen Weltvorstellungen und Weltwahrnehmungen konstruiert: aus mentaler, medialer, spielerischer und heute zunehmend auch virtueller Welt. Somit bildet sich Lebenswelt aus Orten, in denen spezifische Umgangsweisen mit Reizeindrücken stattfinden.

Nach Fritz (1999) ist Wahrnehmung und Einstufung von Wirklichkeit von folgenden Faktoren abhängig: von syntaktischen, semantischen und pragmatischen Aspekten. Als syntaktische Wirklichkeitsfaktoren werden dabei der Gebrauch einfacher Sinne, wie Hören, Sehen, Farbwahrnehmung, Tasten und Riechen verstanden. Um so mehr der Sinne beim Erlebnis angesprochen werden können und als Erregungsreize dem Gehirn gemeldet werden, desto eher wird eine Wirklichkeitsvorstellung im Gehirn aufgebaut.

Eine umfassende technische Erzeugung von vielfältigen Sinnesreizen ist jedoch nicht möglich. So kann mit Multimedia bislang (noch) nur eine begrenzte Auswahl an Reizen aus der Vielfalt der primären Sinneswelt angesprochen werden. Die Qualitäten medialer Reize sind daher andere als die aus einer originalen Begegnung entstammenden Eindrücke. Semantische und pragmatische Aspekte drücken die Bedeutungs- und die Wirkungszusammenhänge für den Betrachter aus. Sie können durch Computer und Multimedia umfassender dargestellt werden als Sinnesreize. Zum einen durch Interaktivität und zum anderen durch individuelle Zielgruppendarstellungen werden virtuelle Betrachter sehr intensiv in bedeutungsvolle Zusammenhänge einbezogen. Beispielsweise mit Planspielen und der gezielten Aufforderung zur Handlungs-Aktivität der Nutzerinnen im virtuellen Bereich wird Authentizität erreicht, und es kann sehr gezielt ein Wirklichkeitsbild aufgebaut werden.

Der Gestaltpsychologe Metzger sieht dieselben Wirklichkeitskriterien wie Fritz in spezifischen Ebenen: Für ihn sind Wahrnehmungs-, Bedeutungs- und Handlungsebenen zur Einstufung von Wirklichkeit wichtig. Um so klarer die einzelnen Ebenen ausgefüllt werden können, desto „wirklicher" erscheint ein Phänomen.

Da Wirklichkeit von Welt nach dem konstruktivistischen Ansatz ein Produkt der Konstruktion individuellen Lebens ist, liegt ihr ein zeitlebens dynamischer und offener Prozess zugrunde. Diese Wirklichkeits-Modellierung als Wahrnehmung erfolgt zum einen durch kognitive Invarianzen und Differenzen und zum anderen durch soziale Bestätigung bei der Kommunikation. Im ersten Aspekt geht es um systeminterne Prozesse des Wiederholens und Vergleichens. Dabei ergeben sich zwangsläufig Übereinstimmungen (Invarianzen) und Unterschiede (Differenzen). Somit werden invariante und differente Dinge erst erzeugt und einer äußeren „Dingwelt" unterstellt. Zum anderen wird Realität nicht ausschließlich subjektiv, sondern sozial vom Individuum konstruiert. Das individuelle Wirklichkeitsmodell ergibt sich aus parallelen, koordinierenden, bestätigenden und ratifizierenden Interaktionen mehrer Individuen. Wirklichkeit entsteht somit auch durch Gemeinschaft, so dass die Erkenntnistheorie auch eine Theorie von Kommunikation ist. Dieses macht Vor- und

Nachteile sowie Chancen von virtuellen Erlebnissen deutlich. Fremdes wird wahrnehmbar auf der Basis des individuell Vertrauten. Somit führen Medienangebote zwangsläufig zu Lerneffekten des Einzelnen, da er in internen Wahrnehmungsprozessen Selbstbeschreibungen von Welt abändert. Fritz nennt dieses auch „die Objektivierung des Mentalen" (Fritz, 1999). Er verbindet damit die Fähigkeit zur Rekognition. Dabei fordern zum Beispiel subjektgebundene semantische Operationen (anhand von Bildern, Texten, Dokumenten, etc.) über ein Wiedererkennungsgedächtnis zum Nachdenken und Erinnern auf. Somit kann eine spezifische Vorstellung als „mentale Welt" erzeugt werden. Fritz sieht in der Objektivation des Mentalen auch die Entstehung des Problems begründet, in welchem Verhältnis diese Objektivationen zur vorliegenden realen Welt stehen. Als Beispiele sind Medien-, Traum-, Spiel- und Virtuelle Welt im Zusammenhang mit realer Welt zu nennen.

Die unterschiedlichen Sichtweisen einer realen Welt (nach Fritz, 1999):

magische Sichtweise:	Die Identität von realer Welt entspricht der von den Objektivationen
symbolische Sichtweise:	Symbolträchtige Hinweisreize üben Wirkkraft auf die Realität aus.
initiativ-dokumentarische Sichtweise:	Zeitungen, Fernsehen, Radio als Obektivationsmedien zur Beglaubigung der Welt-Geschehnisse
metaphorisch-fiktionale Sichtweise:	Objektivation in den Medien wie Kino/ Theater stellt ein Angebot zur Realititäts-Vorstellung dar. Dabei ist die mediale Welt kein Spiegelbild des Realen, sondern ein Angebot, sich darin mit eigenen Vorstellungen, Wünschen und Gefühlen wiederzufinden.
virtuelle Sichtweise:	In voneinander abgeschlossenen Welten wird deren Trennung bewusst erkannt und wahrgenommen. Das Handeln läuft autonom von der realen Welt.

➢ Es kann festgestellt werden, dass die virtuelle Welt das Ergebnis einer Rahmungshandlung darstellt. Dieses entspricht der Zuordnung eines Reizeindruckes zu einer bestimmten Welt. In diesem Zusammenhang ist auch die Bedeutung und Wahrnehmung von anderen Welten zu verstehen.

7.5. Zu den Folgen von digitaler Wirklichkeit

Welsch stellt 1997 fest, dass Verhaltensweisen, die bisher durch Konsum medialer Welten eingeübt worden sind, das Alltagsverhalten zunehmend beeinflussen. Für ihn ist die heutige Möglichkeit der Virtualisierung von Wirklichkeit erst ein Ergebnis des Langzeiteffektes von bisherigen Medienwelten. Das phänomologische des Lebensweltlichen wird dabei aufgelöst. Für die medial vermittelte Wirklichkeitsvorstellung wird eine virtuelle Realität (VR) erforderlich. Diese beschreibt Techniken, die den Menschen unmittelbar in computergenerierte Welten integrieren.

In der virtuellen Welt kann im Vergleich zur medialen Welt eine aktive Teilnahme stattfinden. Es können dabei Entscheidungen getroffen und Handlungsalternativen ausprobiert werden, die unmittelbar Ergebnisse in der virtuellen Welt erzeugen. Fritz nennt die virtuelle Welt auch als „Wunschwelt nach Wahl". Der Benutzer wisse um den Unterschied von Simulation und Realität, aber es bedeute ihm nichts mehr. Vielmehr werde die Simulation als eine vollkommene Version des Realen geschätzt. Vgl. Welsch, 1997. Somit wird das Reale immer mehr an der medial vermittelten Idealvorstellung gemessen; die Wirklichkeitssicht verändert sich in Schritten: vom Realismus zum Konstruktivismus, vom Vorgegebensein zum Gemachtsein, von der Realität zur Virtualität.

Festzuhalten bleibt bei dieser Betrachtung, dass „Welt als Konstruktionsleistung des Gehirnes" individuell als Wirklichkeitsvorstellung aufgebaut wird. Eine „einzig wahre Welt" als *die* Weltvorstellung ist im konstruktivistischen Ansatz nicht möglich. Schulz-Zander unterscheidet dabei zwischen **Wirklichkeit** als „vom Subjekt konstruierte Welt" und **Realität** als „die der konstruierten Welt vorausgesetzte Welt". Vgl. Schulz-Zander, 1997.

7.6. Die neue Kommunikationsebene der virtuellen Vernetzung

Eine Besonderheit von multimedialen Möglichkeiten stellt die virtuelle Vernetzung als neue Kommunikationsebene der virtuellen Welt dar. Jeder Kommunikationspartner hat dabei die Möglichkeit, eine sozial unverbindliche virtuelle Identität zu erlangen. Er kann Geschlecht, Alter und Namen frei wählen. Eine Wunsch-Identität kann somit entstehen und gegen die reale Identität eingetauscht werden. Und gerade dieses entspricht dem heutigen Bedürfnis nach individueller Verwirklichung. Über die virtuelle Vernetzung kann man somit seinem „Normalsein“ entfliehen, wenn auch nur virtuell. Auf der anderen Seite sind jedoch authentische Begegnungen zwischen Menschen in der virtuellen Kommunikation nicht möglich. Gräsel spricht in diesem Zusammenhang von einer Qualitätsverschiebung der neuen Kommunikation und führt aus (Gräsel, 2000):

Auf der einen (positiven) Seite können Sozialnormen durch die Anonymität durchbrochen werden, so dass das Gesprächsverhalten nicht von sozialen Hinweisreizen verfälscht wird. Die Gesprächsanteile in Gruppen können gleichmäßiger verteilt werden, da es keine Benachteiligung zurückhaltender Gesprächsteilnehmerinnen mehr gibt. Auf der anderen (negativen) Seite ist die Frage nach Chancengleichheit hinsichtlich der Computernutzung zu stellen: Unterschiedlich verteilter Wohlstand unter Schülern kann Ausstattung und Nutzungsunterstützung beeinflussen. Zum anderen könnte durch den mit dieser neuen Kommunikationsebene verbundenen Verlust von sozialen Kontakten das negative Gefühl des Alleingelassensein in Alltagsproblemen zunehmen. Als Folge sind Depressionen zu befürchten.

Ein Bedürfnis nach Authentizität von Begegnungen, und somit das Verlassen der virtuellen Welt, werde dadurch geweckt. Fritz nennt diese Folge der virtuellen Kommunikation auch das „Nicht-Sattwerden“. Damit ist die durch virtuelle Betätigung entstehende Sehnsucht nach originaler Begegnung mit Lebendigen gemeint. Welsch spricht in diesem Zusammenhang von „Revalidierung“ und meint damit die Neuschätzung und Neubewertung (Sehnsucht) von anderen Erfahrungswelten (1997). Somit entsteht durch eine Dominanz von elektronischen Welten eine Neuschätzung, und somit Sehnsucht nach nicht-elektronischen Erfahrungs-Räumen oder „Welten“. Die elektronischen Welten sind also spezifisch und können nicht alle Qualitäten und Möglichkeiten anderer Wirklichkeitsformen bieten. Dieses führt längerfristig zur Doppelseitigkeit der Entwicklung: Auf der einen Seite erfolgt die Zunahme von Erfahrungen, die virtuell erlangt werden. Auf der anderen Seite nimmt das Bedürfnis nach originaler Begegnung zu. Hier kommt der Schule eine kompensatorische Rolle zu.

7.7. Der Stellenwert von primären Erfahrungen im Vergleich zu medialen Erfahrungen in der Umweltbildung

Deutlich hervorgehoben wurde die besondere Bedeutung von primären Erfahrungen von Bögeholz. Für die Zielerreichung von Umweltbildung, in der es um Ausbildung von Bewusstsein und ökologischer Handlungskompetenz geht, hat sie den Einfluss von Naturerfahrungen untersucht. Sie unterscheidet dabei als drei Ebenen (Dimensionen) von Naturerfahrungen die primäre, sekundäre und tertiäre Naturerfahrungsebene. Während primäre Erfahrungen durch den direkten Naturkontakt ausschließlich über die Sinne beim originalen Erlebnis erlangt werden, finden sekundäre Erfahrungen beim messenden und erkundenden Umgang mit Natur statt. Tertiäre Naturerfahrungen bauen auf primären und sekundären Erfahrungsebenen auf und beziehen sich jedoch sehr intensiv auf die Beschäftigung mit Umweltwissen. In Ihren Untersuchungen ist die Qualität der primären – also direkten und originalen Naturerfahrungen – als maßgeblich für die Herausbildung von Bewusstsein und Handlungskompetenz eingestuft worden (Bögeholz, 1999). Dieses Ergebnis verwundert nicht, schließlich sind es Erfahrungen des Körpers, die eine direkte motorische Reaktion einschließen (wie z.B. Riechen, Fühlen, Balancieren...). Während Umweltreize nur eine sensorische Präsenz im Gehirn haben, vereinen Körperreize sensorische und motorische Repräsentation. Diese Reize wirken somit vielfältiger für die Wahrnehmung der realen Welt, weil sie die Rückkopplung Motorik-Gehirn-Sensorik aufweisen (Fritz, 1999).

- Virtuell erzeugte Sinnesreize sprechen ausschließlich visionale und akustische Sinnesreize an. Sie werden somit aufgrund fehlender motorischer Rückkoppelungen zum Körper ausschließlich als sensorische Umweltreize wahrgenommen. Die medial erzeugbare Bedeutungsqualität ist demnach eine wesentlich andere als die beim Erlebnis am originalem Phänomen in der Natur.

Um für die schulische Unterrichtsplanung den Einsatz von Multimedia zur Ermöglichung von virtuellen Erfahrungen abzuwägen, ist es bedeutsam, über deren Vor- und Nachteile nachzudenken.

Zuvor ist bereits festgestellt worden, dass die Verfügbarkeit medialer Erlebnisse unabhängig von Raum- und Zeitbedingungen gesichert ist. Dadurch können didaktisch geplant ganz bestimmte Erlebnisse in den Unterricht integriert werden. Originale Umweltbegegnungen sind meistens wetter- und situationsabhängig und lassen sich schwer planen. Als Folgen sind somit die Vermeidung der originalen Umweltbegegnung und das bevorzugte Aufsuchen von virtueller multimedialer Umwelt zu erwarten.

Zum anderen sieht Welsch in einer verstärkten medialen Umwelterfahrung auch eine Zunahme der Distanz zur realen Umwelt begründet. Er führt aus: „Man sieht die Natur zunehmend durch die Brille der zuvor medial vermittelten Idealvorstellung." Somit wird das Original am Idealbild gemessen, die Distanz wächst aber. Vgl. Welsch, 1997.
Im konstruktivistischen Sinne ist die Vielfalt der Realität – also auch die Schönheiten der Natur – so gesehen nicht das Ergebnis einer gleichen Abbildung, sondern ausschließlich als Folge systeminterner Verrechnung der von den Sinneszellen gelieferten Signale anzusehen. Sie spielt somit für die Bildungs-Qualität keine Rolle. Dem Vorteil, dass sich mit dem Medium Computer bestimmte Zielgruppen der technisch Interessierten besser ansprechen lassen, steht die Frage entgegen, inwieweit diese nicht nur von der Technik fasziniert werden und kein echtes Interesse für die originale Natur im Sinne einer ökologischen Handlungskompetenz aufbauen würden.

Als eine mögliche Folge der vermehrten Computernutzung und der Erfahrungen in der Virtualität vermutet Welsch die Sehnsucht oder Neubesinnung zum Original. Er bezeichnet dieses auch als „die Revalidierung von nicht-technischen Welten". Vgl. Welsch, 1997. Somit entstünde aus Natur-Virtualität eine Sehnsucht nach originaler Naturbegegnung. Eine technische Sozialisierung findet heute bei Kindern bereits im frühen Kindesalter statt. Diese lernen somit keine andere gegensätzliche Welt kennen. Daher ist zu fragen, ob das Phänomen der Revialidierung auch hier noch per se` einsetzt, oder ob es dann gerade die Aufgabe von Schule sein sollte, Originale erst einmal aufzuzeigen.
Zum anderen stellen verschiedene Autoren fest, dass mediale Begegnungen nicht eine solche Vielfalt an primären Umweltreizen ermöglichen würden wie originale Begegnungen. Primäre Umweltreize sind jedoch für das Zusammenspiel von motorischen und sensorischen (als körperliche und umweltgebundene) Reize für ein umfassende Gehirn-Ansprache erforderlich. Daraus ist ein Verlust von vielfältigen Reizen bei virtuellen Erlebnissen abzuleiten. (Vgl. Kindt, 2000 und Fritz, 1999).

7.8. Welche „Welt-Wirklichkeit“ soll Schule vermitteln?

Schule sollte das Zunahme der Virtualität erkennen und in der Umweltbildung aufgreifen. Es wäre meiner Meinung nach falsch, diese gesellschaftliche Entwicklung zu ignorieren, vielmehr liegt eine wichtige Aufgabe darin, zur Wahrnehmung ganz unterschiedlicher Welten anzuregen.

> ➢ Eine „reale Welt“ ist heute nicht mehr ausschließlich die originale Welt, sondern sie setzt sich aus ganz unterschiedlichen Welten zusammen. Die virtuelle Welt ist eine der Welten, die zunehmend schülerorientierter wird. Daher kann Schule diese Welt nicht ausklammern, sie sollte sich aber auch nicht ausschließlich auf mediale Erlebnisse in einer virtuellen Welt beziehen.

Die Aufgabe der Schule in der Zukunft besteht wohl darin, zur Multimedia-Kompetenz zu bilden. Die Erfordernis einer solchen Kompetenz wird auch von Fritz (1999) gefordert: Schüler sollen zuordnen lernen, welche Bedeutung der gerade erlebte Reizeindruck in der jeweiligen Welt für andere Welten hat.

Etwas globaler fasst er es in der Betonung der „Notwendigkeit zur Rahmenkompetenz in den Welten“. „Den Welten bewusst begegnen zu können“, heißt somit über frühere Erfahrungen zu verfügen, um Schemata im Umgang mit Welten zu entwickeln. Dabei sind es nach Fritz (1999) vor allem die frühkindlichen Erfahrungen und Einflüsse, welche die Rahmenstruktur bilden können, welche für die Verarbeitung späterer Erfahrung maßgeblich sind. Die Erfordernis einer Rahmenstruktur wird bereits von Wagenschein erwähnt – allerdings in einem anderen Zusammenhang. Bei seinem Modell des *genetischen Lernens* soll das „Unvertraute an das Vertraute gebunden werden“. Damit wird eine bereits vorhandene kognitive Struktur aufgenommen, umgewandelt und erneuert. Bei der Rahmungskompetenz zur virtuellen Welt geht es um das Kennenlernen möglichst vieler Welten, um aus dieser Kenntnis heraus den Rahmen einzelner Welten abstecken zu können.

Welsch erwähnt in diesem Zusammenhang den Begriff „Kontrastvalidierung“. Durch ihre „elektronische Sozialisierung“ (das kindliche Aufwachsen mit Multimedia) haben Kinder die Fähigkeit sich über die Unterschiedlichkeit von Medien bewusst zu werden. Sie können diese zur Bewältigung ihres Alltags gezielt auswählen und nutzen (1997).

Fritz sieht in der Lebenswelt der für Menschen fassbare Wirklichkeitsbereich, an dem er regelmäßig teilnimmt. Dabei ist **„Wirklichkeit"** eine reale Weltvorstellung, die in der Auseinandersetzung mit der Umwelt und gemäß bestimmter soziokultureller, kognitiver und biologischer Bedingungen erfolgt. Findet bei Kindern und Jugendlichen in zunehmenden Maße eine technische Sozialisierung statt, so wird das Original als reale Umwelt mehr und mehr von der medial erzeugten Umwelt als virtuelle Welt überlagert. Bleibt es hierbei, so kommt insbesondere der Schule eine kompensatorische Rolle zu, um dadurch Rahmungskompetenz zwischen der realen und virtuellen Umwelt ausbilden zu können.

- Schulische Umweltbildung sollte weder ausschließlich originale noch medial dargestellte Umwelt erfahrbar machen. Erst mit dem Zusammenwirken der originalen Erlebnisse mit sekundär in virtuellen Räumen vermittelten Umweltreizen kann eine Rahmungskompetenz ausgebildet werden. Nur dadurch können sich Schüler über den Rahmen, die Wirkung und Dimensionen von verschiedenen Welten bewusst werden.

7.9. Multimedia-Kompetenz und virtuelle Erfahrungen

Schule sollte die Ausbildung einer *Multimedia-Kompetenz* als ein wesentliches Lehrziel in den Unterricht integrieren. Sie muss die Schüler dazu befähigen, aus der Vielzahl der durch Computernutzung generierten Medien auszuwählen, zu nutzen, zu bewerten und aktiv zu gestalten.

Der Medien-Reflexion kommt dabei eine entscheidende Bedeutung zu. Mit Hilfe von Rahmungskompetenz zwischen den Welten, die schließlich durch die bewusste Wahrnehmung ganz unterschiedlicher Welten aufgebaut werden kann, wird diese Reflexion ermöglicht. Die virtuelle Welt ist dabei lediglich eine von mehreren Welten (Lebenswelt, Spielwelt, Umwelt...). Insbesondere in der Darstellung von Verschiedenheit und Wirkung von Welten ist der Lehrer gefordert. Die virtuellen Erfahrungen und Wirklichkeitsdarstellungen sollten hinsichtlich der gesellschaftlichen Bedeutung, dem Wirklichkeitsgehalt, der Identitätsentwicklung und der sozialethischen Positionen erfolgen. Für die Herausbildung dieser Kompetenz nimmt die frühzeitige Nutzung von Multimedia bereits in den unteren Klassenstufen der Schule eine große Bedeutung ein.

Da der Computer zur Lebenswelt von heutigen Schulkindern gehört, kann Schule dieses Medium nicht ausklammern, sondern sollte es bewusst integrieren. Die Wahrnehmung von Umwelt sollte jedoch ebenso aus der originalen Begegnung innerhalb und außerhalb des Klassenraumes erfolgen. Dieses muss ein unverzichtbarer Bestandteil der Umweltbildung bleiben! Die Qualität von primären – also direkten und originalen Naturerfahrungen ist für die Herausbildung von ökologischen Bewusstsein und gesellschaftlicher Handlungskompetenz als unabdingbar eingestuft worden. Erst mit der Unmittelbarkeit von Begegnungen sind Erfahrungen des Körpers möglich, die sensorische Reize und eine direkte motorische Reaktion zusammenfassen (z.B. Riechen, Fühlen, Balancieren...). In unserer heutigen „Informationsgesellschaft" dürfen somit direkte und unmittelbare Umweltbegegnungen in der Umweltbildung nicht vernachlässigt werden. Einer Naturerlebnispädagogik wird somit auch in der Zukunft eine wichtige didaktische Rolle in der schulischen und außerschulischen Umweltbildung zukommen.

Am Ende dieses Kapitels wird folgendes Resümee festgehalten:

- „Multimediale Umweltbegegnungen in virtuellen Räumen" haben nicht die Bedeutung von originaler Naturerfahrung in der Umweltbildung. Sie können in reflektierter Weise lediglich als Ergänzung des unmittelbaren Umwelterlebnisses insbesondere aus zeitlicher und räumlicher Autonomie dienen.

Foto 5: Spielerisches Erleben von „Natur" am Computer

8. Diskussion der Öffnung von Schule durch Zusammenarbeit von schulischer und außerschulischer Umweltbildung

In den Kapiteln 5 und 6 sind einige Möglichkeiten und Beispiele aufgezeigt worden, wie *Naturerlebnispädagogik* in der Schule im Rahmen von Umweltbildung eingebracht werden kann. Am Beispiel „Projekt Wald" konnte verdeutlicht werden, dass der schulische Unterricht mit Hilfe von außerschulischen Möglichkeiten erweitert und inhaltlich ergänzt werden kann. Diese Erweiterung ist gleichzeitig nichts anderes als die Umsetzung der lokalen Agenda 21. Mit der folgenden Diskussion sollen neue Impulse für eine Öffnung von Schule in der Umweltbildung gegeben werden.

Unterschiedliche Autoren bringen große Skepsis gegenüber den institutionellen Barrieren von Schule entgegen. So weisen insbesondere Bolscho und Seybold, aber auch Göpfert und Kleber auf das folgende Dilemma hin:[169] Der Leistungsbeurteilung kommt eine zentrale Stellung in der Schule zu. Leistung kann oft nur anhand von Prüfungssituationen und Tests abverlangt und kontrolliert werden. In der Schulpraxis stellt die zur Leistungsüberprüfung erforderliche Standardisierung ein Problem dar. Schließlich orientiert sich die Benotung an Normen und Sollvorgaben[170], die jedoch den Freiraum der Handlungsorientierung einschränken oder gänzlich verhindern.

Das Problem der Leistungsbeurteilung trifft, von Umweltbildung losgelöst, auch auf die Bearbeitung von anderen Unterrichtsthemen zu. Außerdem sind ganz bestimmte Organisationsformen in der Schule vorgegeben. Diese beziehen sich auf die Zeitbudgetzierung (45-Minuten-Takt) und auf räumliche Vorgaben der Klassenräume und Schulhöfe als sterile und oft sehr kleine Räume. Als drittes Barriere-Merkmal lässt sich anführen, dass die vorgegebenen Gruppierungen der Schüler als Klassen interessengebundene oder freundschaftliche Zusammenschlüsse verhindern. Schließlich regeln rechtliche Rahmen- und Detailbestimmungen das schulische Geschehen. Sie übertragen dem Lehrer eine große Verantwortung gegenüber den Schülern und schließen außerdem bestimmte Unternehmungen aus. Erlasse legen die Häufigkeit von außerschulischen Veranstaltungen auf eine ganz bestimmte Anzahl im Schuljahr fest. Die Auflagen und Vorgaben für die Schulen stellen sehr deutliche Barrieren für handlungsorientierte Umweltbildung dar.

---

[169] Vgl. Bolscho, D. und Seybold, Hj. (1996), S. 128 ff.; Göpfert, H. (1994), S. 65 ff.; Kleber E.W. (1993)
[170] Vgl. Ziegenspeck, J. (1981)

Besonders die Zeitstrukturierungen und die rechtlichen Vorgaben sind sehr hinderlich. In dem Beispiel „Projekt Wald" wurde die Eigentätigkeit der Schüler auch außerhalb von Schule angesprochen. Besonders in der Grundschule sind die Schüler meistens noch nicht so selbständig, dass sie alleine, auch außerhalb von Schule, arbeiten könnten. Daher sollten die Schüler sowohl aus pädagogischer als auch rechtlicher Sicht betreut werden. Für eine Realisierung von handlungsorientierter Umweltbildung müßte somit die Personalsituation der Schulen verbessert werden. Dieses könnte zum Beispiel auch durch vermehrte Pflichtpraktika der Lehramtsstudierenden oder durch Eltern erfolgen.

Bolscho sieht das größte Problem in der Überwindung der durch die Fächer geprägten inhaltlichen Strukturen in der Schule. Diese Barriere erschwere es vor allem, neuen inhaltlichen Anforderungen, deren Durchdringung interdisziplinäres Lernen erfordere, gerecht zu werden.[171] Ab der Orientierungsstufe wird die Unterrichtsversorgung in den Fächern nach dem „Fachlehrerprinzip" vollzogen. Das bedeutet, dass von einem Lehrer klassenübergreifend jeweils nur ein bis zwei Fächer in einer Klasse unterrichtet werden. Entsprechend wenig zeitlichen Raum kann dieser für seinen Unterricht einplanen. Handlungsorientierter Unterricht in der Umweltbildung verlangt oft nach mehr Zeit zur Bearbeitung der komplexen Themen und für die Nutzung außerschulischer Möglichkeiten als im eigenen Fachunterricht zur Verfügung steht. Daher ist es erforderlich, interdisziplinär im Lehrerkollegium zu arbeiten.

Ellenberger weist darauf hin, dass Umwelterziehung in der Schule in *fächerübergreifenden Sachstrukturbereichen* ablaufen müsse. Er begründet dieses mit der Erfordernis, systematisch und in Strukturen zu denken, um komplexe Themen bearbeiten zu können. [172]

Bolscho und Seybold haben die in den Schulen praktizierte Umweltbildung evaluiert. Dabei ermittelten sie 1991 die Organisationsmuster des Unterrichtes in der Schule und stellten fest, dass Umweltbildung zu 80% in Einzel- oder Doppelstunden unterrichtet wird. Fast 48% wird als Projektunterricht durchgeführt (relative Häufigkeiten, da es bei der Umfrage Überschneidungen der Organisationsformen gab).[173] Somit muss unterstellt werden, dass der Unterricht bislang noch zur Hälfte fachspezifisch ausgerichtet ist.

---

[171] Bolscho, D. in: Beyersdorf, M./Michelsen, G./Siebert, H. (1998), S. 157
[172] Vgl. Ellenberger, W. (1993)

Die in Kapitel 6.4 von mir geforderte „Verbesserung der Kommunikation" im Lehrerkollegium im Rahmen der Vorbereitung des handlungsorientierten Unterrichts zum Thema „Wald“ findet meiner Meinung nach in der Schulpraxis bislang nur sehr eingeschränkt statt. Die Unterrichtsvorbereitung kann somit nur aus der eigenen fachlichen Sicht erfolgen. Ein Musiklehrer, der das Thema „Wald“ in seinem Unterricht aufnimmt, wird wohl kaum weitergehende Kenntnisse über das komplexe „Ökosystem Wald“ in den Unterricht einbringen können. Würde jedoch eine Absprache mit dem Biologielehrer stattfinden, so könnten sich beide fachlich austauschen und voneinander lernen.

Eine weitere Möglichkeit erhält Schule mit der Integration der „neuen Medien“. Erforderliches „Fachwissen“ wird zunehmend über Internet und multimediale Programme für jeden jederzeit abrufbar. Diese Chance der Informations-Öffnung sollte Schule für die Unterrichtsvorbereitung gerade in umweltpädagogischen Themen nutzen. Auch die Schüler können übers Internet an der Vorbereitung von Projektarbeit beteiligt werden. Nach der Orientierung und Themensuche für ein mögliches Projekt kann die Informationsbeschaffung über Expertenbefragungen, wissenschaftlichen Datenbanken, multimediale Edutainment-Software oder auch über die Projektberichte anderer Schulen von den Schülern sehr eigenständig organisiert und durchgeführt werden.

Göpfert betont, dass es einen großen Bedarf an Lehrerfortbildung für die Realisierung von Umweltbildung gibt. Obwohl das Angebot an naturbezogenen Fortbildungsinhalten in den letzten 10 Jahren gleichgeblieben ist, nimmt die Nachfrage ab.[174] Roth erstellte die These, dass *Lehrer in Bezug auf die Aufgaben und Kompetenzen der Schule in der Regel überfordert sind.*[175] Das Problem mangelnder Kompetenzen für Umweltbildung erfordert eine positive Einstellung des Lehrers zu Fortbildungsangeboten. Von den Lehrern muss verlangt werden, dass sie eine ehrliche Bereitschaft haben, ihren Unterricht hinsichtlich der für Umweltbildung erforderlichen Maßnahmen zu verändern. Zum anderen besteht bereits in der Lehrerausbildung die Möglichkeit, sich das erforderliche Wissen anzueignen. An der Universität Lüneburg können beispielsweise neben dem Lehramtsstudium auch die Lehrangebote vom Fachbereich Umweltwissenschaften mit dem Schwerpunkt „Umweltbildung“ genutzt werden.

---

[173] Bolscho, D. und Seybold Hj. (1996), S. 116
[174] Vgl. Göpfert, H. (1994)

Die Ergänzung der pädagogischen Ausbildung um eine Fachwissenschaft scheint von großer Bedeutung für die bei der Umweltbildung gestellten Anforderungen zu sein. Dem möglichen Problem mangelnder Fachkenntnisse der Lehrer kann neben der erweiterten Ausbildung auch mit der Integration von außerschulischen Angeboten zu Umweltbildung begegnet werden. Förster, Jäger, Umweltzentren sowie freiberuflich tätige Waldpädagogen können ihr Fachwissen bei der Bearbeitung des Themas „Projekt Wald" einbringen. Als Mittelpunkt des Unterrichts behält Schule weiterhin eine zentrale Bedeutung und wird dabei durch außerschulische Lernstandorte ergänzt.

Salzmann weist auf die speziellen Erfordernisse von außerschulischen Lernorten hin:

> *„Ein Lernstandort ist ein außerschulischer Lernort, wenn dieser durch gezielte pädagogische Bemühungen adressatengerecht aufbereitet und für aktive Erkundungs- und Lernprozesse interessierter Gruppen von Kindern und Jugendlichen erschlossen und auf Dauer zur Verfügung steht..."*[176]

Muff betont die große Bedeutung von regionalen Lernstandorten in der Umweltbildung. Durch das Aufgreifen umweltrelevanter Themen aus der eigenen Heimat werde ein Bezug zur direkten Lebenswelt der Schüler hergestellt.[177] Der Lebensweltbezug von Unterricht ist dabei ein wesentliches didaktisches Mittel. Diese Bedeutung wird vor allem von den Schuldidaktikern Ellenberger, Jank und Meyer mit ihren Ausführungen bestätigt: *„Die Regionalität beim außerschulischen Lernen schaffe direkte Betroffenheit und überwinde die unverbindliche Allgemeingültigkeit"*.[178]

---

175 Roth, K. in: Greenpeace, Hrsg. (1995), S. 224
176 Salzmann in: Muff, A. (1997), S. 54
177 Muff, A. (1997), S. 54
178 Vgl. Ellenberger, W. (1993); Jank, W. und Meyer, H. (1994)

Erstes (Zwischen)-ergebnis:

- Eine Vorauswahl an außerschulischen Angeboten in der Umweltbildung kann im Hinblick auf deren Regionalität getroffen werden. Bevorzugt werden sollten vorerst die vorhandenen Möglichkeiten, die in der unmittelbaren räumlichen Lebenswelt der Schüler liegen.
- Besonders bei Projektunterricht erscheint es ratsam, dass die Ergebnisse auch nach Abschluss des Projektes noch von den Schülern erreichbar und weiterhin beeinflussbar sind.
- Der fächerübergreifende Unterricht macht es besonders bei komplexen Themen der Umweltbildung erforderlich, dass Fachwissen und Didaktik verknüpft werden.
- Umweltzentren als regional losgelöste Einrichtungen sollten zum Beginn oder zum Ende der schulischen Unterrichtseinheit besucht werden. Somit können sie zum Beginn inspirierend und zum Ende für die Bearbeitung und Klärung spezieller thematischer Probleme genutzt werden.
- Die neuen Medien wie Internet und Multimedia können zur Öffnung von Schule beitragen und sowohl Schüler als auch Lehrer mit aktuellen Informationen aus der ganzen Welt versorgen.

Sowohl freiberuflich tätige Umweltpädagogen als auch die Mitarbeiter von Umweltzentren haben zielgruppenspezifische Umweltbildungsprogramme entwickelt. Mit den Programmen können sie verschiedene Themen für unterschiedliche Zielgruppen differenziert ansprechen. Bei diesen Einrichtungen ist daher von einer gewissen pädagogischen und fachwissenschaftlichen Professionalität auszugehen.

Bei dem neuen Berufsfeld des „Umweltpädagogen“ mangelt es sehr oft an einer pädagogischen und fachwissenschaftlichen Doppelqualifikation, da diese entweder aus der einen oder der anderen Disziplin kommen. Dieses habe ich bei der praktischen Umweltbildung als Förster selber erleben müssen, und es führte mich seinerzeit zur Entscheidung über ein zweites, pädagogisch orientiertes Lehramtsstudium die Doppelqualifikation zu erlangen. Daher müßte der Beruf des Umweltpädagogen eigentlich auf zwei Ausbildungssäulen aufbauen. Dieses erscheint jedoch aufgrund zur Zeit mangelnder Berufsperspektiven (hoher Anteil an ABM-Verträgen) und der geforderten sehr langen Ausbildungszeiten als schwierig realisierbar.

Durch gezielte und regelmäßige Kommunikation zwischen Schule und außerschulischen Umweltbildungsträgern können beide voneinander profitieren. Wenn der Lehrer in einem Vorgespräch die pädagogischen Erfordernisse und klassenspezifischen Besonderheiten mitteilt, kann der außerschulische Anbieter später darauf Rücksicht nehmen.

Im Land Niedersachsen gibt es seit 1993 sogenannte „Umweltberatungslehrkräfte“.[179] Diese müssten durch funktional tätige Mitarbeiter der Bezirksregierungen unterstützt werden, die auf Kreisebene für eine Vernetzung der regionalen Möglichkeiten in der Umweltbildung eintreten. Sie könnten somit als „Kooperationsstellen in der Umweltbildung" wirken.

Unterstützt werden sollten diese Schnittstellen mit den Möglichkeiten des Internets. Angebote, laufende Projekte und Erfahrungen könnten somit ausgetauscht werden. Dieses wird bislang zum Teil durch das Netzwerk der ANU (Arbeitsgemeinschaft für Natur- und Umweltbildung) auf der Homepage www.umweltbildung.de durchgeführt. Auch der Deutsche Bildungsserver www.dbs.schule.de führt eine entsprechende Auflistung an Projekten, außerschulischen Angeboten und Experten. Im Bildungsserver befinden sich bereits zahlreiche Schulen, die ihre Projekte zusammen mit der Schule präsentieren.

Meiner Meinung nach müssten diese Möglichkeiten jedoch einen stärkeren regionalen Bezug haben und vermehrt als schulische und außerschulische Präsentationsform ausgebaut und genutzt werden. So wäre für jeden Landkreis ein Portal mit allen Schulen einzurichten, die sich und ihre Arbeit dort darstellen.

Dazu könnten die sich zur Zeit überall im Aufbau befindlichen „virtuellen Marktplätze", „interaktiven Stadtinformationen" und „Bürgernets“ genutzt werden. Das Bürgernet der Samtgemeinde Harsefeld (im Landkreis Stade) unter www.harsefeld.de verbindet beispielsweise die regionalen Angebote aus heimischer Wirtschaft, Kultur, Soziales und Schulen in einem Verzeichnis. Eine derartige Präsentation kanalisiert in aktueller und übersichtlicher Weise die für eine Region bedeutsamen Informationen.

---

[179] In allen vier Bezirksregierungen des Landes Niedersachsen arbeiten seit 1993 Umweltberatungslehrkräfte. Ihre Aufgaben sind Organisation von Aus- und Fortbildung, Mitwirkung bei der Erarbeitung umweltpädagogischer Konzepte und Angebote und die Förderung der Zusammenarbeit von Schule mit außerschulischen Möglichkeiten zur Umweltbildung (Niedersächsisches Kultusministerium, Hrsg. (1993), S. 65).

Zweites (Zwischen)-ergebnis:

- Es sollte bei der Zusammenarbeit in der Umweltbildung gelingen, eine „Kommunikationsbrücke" zwischen Lehrern und außerschulischen Anbietern zu schlagen. Das bedeutet, dass vor der Zusammenarbeit die unterschiedlichen Voraussetzungen beider Kooperationspartner geklärt und die Lerninhalte gemeinsam auf die individuellen Schülerbedürfnisse abgestimmt werden müssen.
- Der Erfordernis nach pädagogischer Fortbildung in der außerschulischen Umweltbildung von zum Beispiel Förstern, Jägern und Naturschützern sollte durch entsprechende Bildungsangebote begegnet werden.
- Kooperationsstellen sollten Schulen mit den vielfältigen außerschulischen Umweltbildungseinrichtungen durch eine regionale Vernetzung verknüpfen.
- Die Nutzung und der gezielte Einsatz der neuen Medien zur Informationsrecherche und zur eigenen Angebots- und Projektpräsentation kann helfen, regional und überregional die Umweltbildung zu vernetzen.

Ein weiterer Aspekt der Diskussion ist die Betrachtung der finanziellen Möglichkeiten bei der Umweltbildung. Schulen haben in der Regel nur geringe Finanzmittel, so dass sie die außerschulischen Möglichkeiten nur eingeschränkt nutzen können. Um die finanzielle Situation von Schulklassen zu verbessern, könnten Fördervereine von Schulen und Sponsoren aus der regionalen Wirtschaft hinzugezogen werden. Als Beispiel wäre es in diesem Zusammenhang eine Möglichkeit, die heimische Sponsoren in der Art einer „Umweltbildungs-Sponsoring-Patenschaft" zu Finanzierungszwecken zu gewinnen. Eine andere Möglichkeit kann mit dem Beispiel „Verein zur Förderung von Naturerlebnissen im Landkreis Stade" verdeutlicht werden. Dieser hat vorwiegend regionale Wirtschafts- und Unternehmensmitgliedschaften, die mit ihren Spenden und Beiträgen die Aktivitäten des Vereines fördern. Dadurch ist es den vor Ort ansässigen Schulklassen möglich, mit geringer finanzieller Beteiligung die außerschulische Umweltbildung des „Vogelkiekers"[180] zu nutzen.

[180] Der Vogelkieker ist eine mobile Umweltbildungseinrichtung, mit der Erkundungs- und Beobachtungstouren von Stade an die Nordsee unternommen werden können. Weitere Informationen sind beim Landkreis Stade erhältlich.

Die inhaltliche Ausrichtung der außerschulischen Umweltbildung unterliegt einer subjektiven Sichtweise der Anbieter. Diese haben schließlich unterschiedliche politische Hintergründe und Motivationen für ihr Engagement. Sofern die verschiedenen Meinungen nicht reflexiv aufgearbeitet werden, besteht die Gefahr, dass Umweltbildung nicht mehr der Sache dient, sondern dem Image oder der Interessen der außerschulischen Anbieter unterlegen ist. Es ist aber auch möglich, die verschiedenen fachlichen und zum Teil ideologischen Sichtweisen für den handlungsorientierten Unterricht didaktisch zu verwenden. Zum Beispiel können beim Thema „Naturschutzgebiet" die Interessensunterschiede von Jägern, Landwirten, Förstern, erholungssuchenden Bürgern und Naturschützern dann genutzt werden, wenn alle Meinungen eingebracht und zusammen diskutiert werden. Dieses verlangt sehr komplexes und umfassendes Wissen vom Lehrer und den Schülern. Es wird sicherlich nicht in unteren Klassenstufen umsetzbar sein. Meiner Meinung nach sollte daher vor allem bei Klassen bis zum sechsten Schuljahr eine eventuelle „politische Färbung" der Umweltbildung" didaktisch bedacht werden. Hierauf kann im Vorbereitungsgespräch mit den außerschulischen Partnern eingegangen werden. Die „Niedersächsischen Empfehlungen zur Umweltbildung" sprechen sich für „Kooperations- und Kommunikationserfahrungen bei einer Öffnung von Schule in der Umweltbildung" aus.[181] Damit fordern sie den Erfahrungs- und Meinungsaustausch mit möglichst unterschiedlichen Personengruppen bei der Umweltbildung.

Drittes (Zwischen)-ergebnis:

- Unterschiedliche Meinungen und Interessen von außerschulischen Möglichkeiten zur Umweltbildung können pädagogisch für die Zwecke der Umweltbildung genutzt werden, wenn die Schüler die Fähigkeit zur kritisch-reflexiven Sichtweise haben. Bei jüngeren Schülern sollten die Inhalte der Anbieter im Vorfelde abgesprochen und berücksichtigt werden.

Kahlert kritisiert, dass die Zielvorstellungen in der Umweltbildung rein subjektiv aufgestellt würden. Zum anderen könne keiner den Weg zur Erreichung der subjektiven Ziele des Umweltschutzes mit Sicherheit kennen und darauf sein didaktisches Konzept begründen. Er nennt dieses eine *doppelte Selbstillusion in der Umweltbildung.*[182] Dadurch wird bestätigt, dass Umweltbildung sich nicht nur an *einem* Konzept oder *einem* inhaltlichen Meinungsbild orientieren sollte. Im objektiven Sinne kann es daher nicht *das* richtige Konzept oder *den* richtigen Ansatz geben, mit dem *die* Zielvorstellung erreicht werden könnte.

An der heutigen kindlichen Sozialisierung hat der Computer einen wesentlichen Anteil. Dieses Phänomen von vornherein als negativ abzutun, bedeutet die Ignoranz der Lebenswelt unserer Kinder und Jugendlichen nicht gerecht werden. Umweltbildung würde dann die heutigen virtuellen Wunsch-Welten verkennen und an den Interessen der Kinder und Jugendlichen vorbeigehen. Stattdessen sollte es gelingen, insbesondere die Gegensätzlichkeit unterschiedlicher Welten, der original sowie der medial vermittelten Wirklichkeiten, darzustellen. Der Schule kommt daher die wesentliche Aufgabe (und dieses nicht nur außerhalb von Umweltbildung) zu, eine Multimedia-Kompetenz zu vermitteln und unsere technischen Möglichkeiten sowohl als Chancen als auch als Gefahren, als Distanz sowie als Nähe zur Natur darzustellen. Dabei ist das Medium Computer mit seinen neuen Möglichkeiten im Sinne von „Aufklärung" und „Ergänzung" didaktisch zu nutzen.

Viertes (Zwischen)-ergebnis:

- Es sollte versucht werden, Umweltbildung als Zusammenspiel möglichst vieler Interessen, Methoden und didaktischen Ansätze zu betreiben. Dabei kann die Nutzung von neuen Medien einen ergänzenden Beitrag leisten. Dieses verlangt vom Lehrer im Sinne einer Medienkompetenz jedoch eine didaktische Steuerung und Bewertung der zusammengetragenen multimedialen Informationen und Inhalte.

[181] Niedersächsisches Kultusministerium, Hrsg. (1993), S. 67
[182] Vgl. Kahlert, J. (1990)

Abschließend wird ein **Ausblick** über die Zukunft der Verknüpfung von Schule und außerschulischen Möglichkeiten für Umweltbildung angestrebt.

Die zunehmende Forderung nach *Öffnung des schulischen Unterrichtes* ist für die Ziele von Umweltbildung von großer Bedeutung. So verlangt besonders der handlungsorientierte Unterricht nach außerschulischen Möglichkeiten, die von den Schülern selbsttätig wahrgenommen werden können. In der Umweltbildung ist dabei das Lernen an regionalen Lernstandorten besonders wichtig. Aufgrund pädagogischer und rechtlicher Erfordernis setzt das außerschulische Lernen einen höheren Betreuungsaufwand voraus. Dieser Aspekt sollte auch in die derzeit geführte Diskussion um eine „Verlässliche Grundschule“[183]
berücksichtigt werden. Für den handlungs- und projektorientierten Unterricht der Umweltbildung genügt es meiner Meinung, dass die Betreuung in *irgendeiner Form* gesichert wäre. So könnten auch Hilfskräfte, Eltern und Praktikanten die eigentätigen Schüler betreuen und zu außerschulischen Lernorten begleiten. Dazu bedarf es nicht ausschließlich der pädagogischen Kompetenzen von Lehrern. Mit den ausgedehnten Betreuungszeiten würde gleichzeitig eine Chance bestehen, von den bisherigen Fächern losgelöst, Zeit für Umweltbildung zu haben.

Vieles spricht für die Einführung eines neuen Unterrichts-Faches „Natur-Mensch-Gesellschaft“, das als Freiraum für fächerübergreifenden und projektorientierten Unterricht in der Umweltbildung genutzt werden könnte. (Vgl. auch Gonon[184]) Dieser Freiraum könnte auch zur regelmäßigen Einbindung von freiberuflichen Umweltpädagogen für bestimmte Projektthemen genutzt werden. Schule muss sich dabei Gedanken über die Finanzierung von außerschulischen Aktivitäten machen. Die Budgetierung der Gelder durch die Schulen oder die Finanzierung von Fördervereinen und regionalen Sponsoren könnten einen hilfreichen Beitrag leisten.

[183] In der „Verläßlichen Grundschule“ wird gefordert, dass die Schule zu einer regelmäßigen Öffnungszeit von den Schülern genutzt werden kann. Damit könnte eine verläßliche Betreuung erade der Schüler angeboten werden, deren Eltern berufstätig sind. In der vorwiegend politisch geführten Diskussion wird eine Realisierung der Betreuungszeiten vor allem durch Hilfskräfte, aber nicht durch Lehrer angestrebt. Das Modell ist bislang sehr umstritten. Es liegt bislang in der Kompetenz der Kommunen, für ihr Gebiet für eine Verwirklichung einzutreten. Vgl. Niedersächsisches Kultusministerium, Hrsg. (1998)

[184] Gonon, P. in: Greenpeace, Hrsg. (1995) S. 41

Meiner Meinung nach muss es eine bedeutende Herausforderung der zukünftigen Umweltbildung sein, zwischen Schule und außerschulischen Möglichkeiten vernetzend zu wirken. Die bisherige Zusammenarbeit sollte dahingehend verbessert werden, dass die Kommunikation intensiviert und somit verbessert wird.

Ein wichtiges Ziel sollte es dabei sein, die schulischen pädagogischen Kompetenzen mit außerschulischen fachwissenschaftlichen sowie praktischen Orientierungen zu vereinen. Nur so können andere Lernstandorte in ein sinnvolles didaktisches Konzept in den schulischen handlungsorientierten Unterricht einbezogen werden. Der Nutzung von neuen Medien wie Internet und Multimedia kommt dabei eine zunehmende Bedeutung zu, die besonders in komplexen umweltpädagogischen Fragestellungen von der Schule nicht negiert werden darf, sondern didaktisch gezielt integriert werden sollte.

`Last, but not least` sollte bei diesen Überlegungen die Erfordernis von Fortbildungen, sowohl in der Schule als auch in der außerschulischen Umweltbildung, erkannt werden. Dieses kann vor allem dabei helfen, auf beiden Seiten sowohl pädagogische als auch fachwissenschaftliche Doppelqualifikation zu verbessern.

Foto 6: „Vernetzungen“ zwischen Schule und außerschulischen Umweltbildungspartnern

9. Literatur und Abbildungen

9.1. Literaturverzeichnis

ANU, DGU, GbU, Hrsg. (1998), Bildungsprogramm für nachhaltige Entwicklung in der Bundesrepublik Deutschland, Hiddenhausen, Hamburg und Berlin, 1998.

Beck, U. (1986), Risikogesellschaft, Suhrkamp-Verlag, Frankfurt am Main, 1986.

Behnken, I., Zinnecker, J. (1987), Vom Straßenkind zum verhäuslichten Kind. Zur Modernisierung städtischer Kindheit 1900 - 1980, in: Sozialwissenschaftliche Informationen für Unterricht und Studium Nr. 16, 1987.

Beyersdorf, M./Michelsen, G./Siebert, H. (1998), Umweltbildung –Theoretische Konzepte, empirische Erkenntnisse, praktische Erfahrungen, Luchterland Verlag, Neuwied, 1998.

Blinkert, B. (1996), Zerstörte Stadt - zerstörte Kindheit?, unveröffentlichtes Manuskript zum Vortrag auf dem vierten Deutschen Jugendhilfetag in Leipzig, 1996.

Bolscho D. und Seybold, Hj. (1996), Umweltbildung und ökologisches Lernen, Cornelsen Scriptor-Verlag, Berlin, 1996.

Bögeholz, S. (1999), Qualitäten primärer Naturerfahrung und ihr Zusammenhang mit Umweltwissen und Umwelthandeln, Leske+Budrich, Opladen, 1999.

Bögeholz, S., Mayer, J. (1997), Besitzen Naturerfahrungen Einfluss auf umweltgerechtes Handeln? in: Bayrhuber, H. et. al.: Biologie und Bildung. Tagung der Sektion Biologiedidaktik in Essen, IPN, Kiel, 1997.

Bölts, H. (1995), Umwelterziehung: Grundlagen, Kritik, Modelle für die Praxis, Wissenschaftliche Buchgesellschaft, Darmstadt, 1995.

Boppel, W. , Reichel, N., Der Bildungsauftrag der Schullandheime unter besonderer Berücksichtigung der Umweltbildung, in: Das Schullandheim, Heft 1 und 2, Verband Deutscher Schullandheime e.V., Hamburg, 1992.

Bundesamt für Naturschutz (BfN), Hrsg. (1998), Naturerfahrungsräume, BfN-Schriften im Landwirtschaftsverlag, Münster, 1998.

Bundesumweltministerium, Hrsg. (1997), Umweltpolitik – Dokumente „Agenda 21“, Bonn, 1997.

Brämer, R. (1998), Schöne Kulisse - Eine Pilotstudie zum Verhältnis von Jugend und Natur, als unveröffentlichter Seminarreader zum Thema: „Jugend ohne Natur? Zur Empirie des jugendlichen Naturverhältnisses", Universität Marburg - Fachbereich Erziehungswissenschaften, Marburg, 1997.

Brämer, R. (1998), Das Bambi-Syndrom - Vorläufige Befunde zur jugendlichen Naturentfremdung in: Zeitschrift Natur und Landschaft, Heft 5, S. 218-222, 1998.

Brämer, R. (1998), Der Wald als moralische Anstalt - Wie Jugendliche zu Forst und Jagd stehen, in: Zeitschrift AFZ/Der Wald 16, S. 848-852, 1998.

Büchner, P. (1985), Einführung in die Soziologie des Erziehungs- und Bildungswesens", Wissenschaftliche Buchgesellschaft Darmstadt, 1985.

Cornell, J. (1991), Mit Kindern die Natur erleben, Verlag an der Ruhr, Mühlheim, 1979.

Cornell, J. (1991), Mit Freude die Natur erleben, Verlag an der Ruhr, Mühlheim, 1989.

Datenreport, (1997), Statistisches Bundesamt (Hrsg.) Bundeszentrale für politische Bildung, Schriftenreihe Band 340, Bonn, 1997.

Deutsches Institut für Fernstudien an der Universität Tübingen (Hrsg.), Studienbrief 2 zu Medien und Kommunikation – Konstruktion von Wirklichkeit, Beltz-Verlag Weinheim, 1999.

De Haan, G. (1989) Ökologie-Handbuch Grundschule, Beltz-Verlag, Weinheim, 1989.

Dempsey, Janßen, Reuther, Hrsg., (1993), Umweltzentren im wiedervereinten Deutschland und im zukünftigen Europa, Habitat – Arbeitsberichte der Aktion Fischotterschutz e.V., Hankensbüttel, 1993.

Deutscher Jagdschutz Verband, Hrsg. (1992), Lernort Natur -Wild und Jagd, Bonn, 1990.

Dietrich, T. (1973), Die Pädagogik Peter Petersens – eine Herausforderung an die Gegenwart, Paul List – Verlag, München, 1958.

Eckert, R., Drieseberg, T., Willems, H. (1990), Sinnwelt Freizeit – Jugendliche zwischen Märkten und Verbänden, Leske+Budrich –Verlag, Opladen, 1990.

Elwert, G. (1998), Kein Platz für junge Wilde, in: Die Zeit Nr. 14, S. 51, Hamburg,1998.

Ellenberger, W., Hrsg. (1993), Ganzheitlich – kritischer Biologieunterricht, Cornelsen – Verlag, Berlin, 1993.

Eulefeld, G. et. al. (1993), Entwicklung der Praxis schulischer Umwelterziehung in Deutschland, IPN – Verlag, Kiel, 1993.

Erdmann, K.H., Draths, M. (1992), Zur Bedeutung des Wissens in der Umwelterziehung, in: MAB-Mitteilungen Nr. 36, Deutsche UNESCO-Kommission, Bonn, 1992.

Faust-Siehl, G./ Garlichs, A./Ramseger, J./Schwarz, H./ Warm, U. (1999), Die Zukunft beginnt in der Grundschule, Rowohlt – Verlag Reinbeck, 1996.

Fischer, T./ Ziegenspeck, J. (2000), Handbuch Erlebnispädagogik, Klinkhardt-Verlag, Heilbrunn, 2000.

Frey, K. (1995), Die Projektmethode, Beltz-Verlag, Weinheim und Basel, 1982.

Friedrich, L. (1991), Johann Heinrich Pestalozzi – Ein Wegbereiter der modernen Erlebnispädagogik?, Verlag Klaus Neubauer, Lüneburg, 1991.

Fuchs, B., Harth-Peter W., Hrsg. (1989), Montessori-Pädagogik und die Erziehungsprobleme der Gegenwart, Königshausen und Neumann- Verlag, Würzburg,1989.

Gebhard, U. (1994), Kind und Natur, Westdeutscher Verlag, Darmstadt,1994.

Gebhard, W. (1997), Erlebnisorientierung und Naturverständnis, unveröffentlichter Aufsatz zum Forschungsprojekt des Umweltbundesamtes – Naturerlebnisgebiete, 1997.

Göpfert, H. (1994), Naturbezogene Pädagogik, Deutscher Studien Verlag, Weinheim, 1988.

Göpfert, H. (1997), Naturerleben: pädagogische Bedeutung – Widersprüche – gesellschaftliche und politische Konsequenzen, unveröffentlichter Aufsatz zum Forschungsprojekt des Umweltbundesamtes – Naturerlebnisgebiete, 1997.

Gräsel, C. (2000), Neue Medien neues Lernen? In: DGU Nachrichten Nr. 21, Mai 2000, S. 8-15.

Greenpeace, Hrsg. (1995), Neue Wege der Umweltbildung, Verlag Die Werkstatt, Göttingen,1995.

Gudjons, H. (1995), Pädagogisches Grundwissen, Klinkhardt – Verlag, Bad Heilbrunn, 1995.

Hane, W. (1994), Maria Montessori – Eine Wegbegleiterin der modernen Erlebnispädagogik?, Verlag edition Erlebnispädagogik, Lüneburg, 1994.

Hänsel, D., Hrsg. (1995), Das Projektbuch Grundschule, Beltz Verlag, Weinheim und Basel, 1995.

Hellberg-Rode, G. (1993), Umwelterziehung im Sach- und Biologieunterricht, Waxmann – Verlag, Münster, 1993.

Hörner, L., (1995), Waldorfpädagogik und Naturphilosophie, Europäischer Verlag der Wissenschaften, Frankfurt/Main, 1995.

Jank, W., Meyer, H. (1994), Didaktische Modelle, Cornelsen Scriptor–Verlag, Berlin, 1991.

Janßen, W. (1997), Naturerleben – was ist das? Erfahrungen aus Naturerlebnisräumen in Schleswig-Holstein, unveröffentlichter Aufsatz zum Forschungsprojekt des Umweltbundesamtes - Naturerlebnisgebiete,1997.

Jugendstiftung Baden-Württemberg, Hrsg. (1995), Erlebnispädagogik – Theorie und Praxis in Aktion, Ökotopia – Verlag, Münster, 1993.

Kahlert, J. (1990), Alltagstheorien in der Umweltpädagogik, Weinheim, 1990.

Kaiser, A. und Kaiser, R. (1996), Studienbuch Pädagogik, Cornelsen Scriptor – Verlag, Berlin, 1981.

Kalff, M. (1994), Handbuch zur Natur- und Umweltpädagogik, G.A. Ulmer – Verlag, Tuningen, 1994.

Kersberg, H., Lackmann, U., Hrsg. (1994), Spiele zur Natur- und Umwelterfahrung, Verlag Verband Deutscher Schullandheime, Hamburg, 1994.

Kindt, S. (2000), Die Zukunft ist digital, unsere Umwelt auch?, in: DGU Nachrichten Nr. 21, Mai 2000, S. 32-36.

Kleber, E.W. (1993), Grundzüge ökologischer Pädagogik, Juventa – Verlag, Weinheim und München, 1993.

Knauer, R., Brandt, P. (1995), Ich schütze nur, was ich liebe – Konzept einer ganzheitlichen Umweltpädagogik, Herder – Verlag, Freiburg im Breisgau, 1995.

Kochanek, et.al., (1996), Umweltzentren in Deutschland, Band 5, Schriftenreihe der ANU, ökom verlag, München,1996.

Lange, E. (1997), Jugendkonsum im Wandel, Leske+Budrich - Verlag, Opladen, 1997.

Lindenberg, C. (1995), Waldorfschulen: angstfrei lernen, selbstbewußt handeln, Rowohlt Taschenbuch – Verlag, Reinbek bei Hamburg, 1975.

Löscher, W., Hrsg. (1994), Vom Sinn der Sinne, Don Bosco – Verlag, München, 1994.

Ludwig, T. (1996), infotexte zur Natur- und Umweltbildung, Bildungswerk interpretation, Königstein, 1996.

Maturana, H.R. (1984), Der Baum der Erkenntnis, Goldmann Verlag, 1987.

Maaßen, B. (1994), Naturerleben oder Der andere Zugang zur Natur als Dissertation an der Pädagogischen Hochschule Flensburg veröffentlicht, Schneider- Verlag, Hohengehren, 1994.

Mayer, J., Bögeholz, S., Naturerfahrungen von Kindern, Kurzfassung des Vortrages im Forum „Sachunterricht und Umweltbildung“ auf der Tagung der GDSU vom 13.-15.3. 1997 in Kiel, IPN Kiel, 1997.

Messner, C., Gasser, M., Hrsg. (1994), Umwelt erfahren – Umwelt bewahren, AOL-Verlag, Lichtenau und Kallmeyersche Verlagsbuchhandlung, Seelze-Velber, 1994.

Meyer, H. (1994) Unterrichts-Methoden-Theorieband, Cornelsen Scriptor-Verlag, Berlin, 1987.

Muff, A. (1997), Erlebnispädagogik und ökologische Verantwortung, AFRA-Verlag, Butzbach-Griedel, 1997.

Nahrstedt, W. (1990), Leben in freier Zeit, Wissenschaftliche Buchgesellschaft, Darmstadt, 1990.

Neubert, W. (1990), Das Erlebnis in der Pädagogik, Verlag edition Erlebnispädagogik, Lüneburg, 1994.

Niedersächsisches Kultusministerium, Hrsg. (1993), Empfehlungen zur Umweltbildung in allgemeinbildenden Schulen Teil 1 und 2, Hannover, 1993.

Niedersächsisches Kultusministerium, Hrsg. (1998), Niedersachsen macht Schule mit der Verlässlichen Grundschule, Hannover, 1998.

Niedersächsisches Ministerium für Ernährung, Landwirtschaft und Forsten, Hrsg. (1996), Wald hautnah erleben – Jugendwaldheime in Niedersachsen, Hannover, 1996.

Opaschowski, H.W. (1990), Pädagogik und Didaktik der Freizeit, Leske+Budrich-Verlag, Opladen, 1990.

Petersen, D. (1998), Zur Entwicklung und Bedeutsamkeit einer schulbezogenen Erlebnispädagogik in unserem Jahrhundert, in: Zeitschrift für Erlebnispädagogik, Heft 10, S. 6-34, Verlag edition erlebnispädagogik, Lüneburg, 1998.

Petillon, H. (1997), Von Adlerauge bis Zauberbaum-1000 Spiele für die Grundschule, Knecht-Verlag, Landau, 1997.

Postman, N. (1983), Das Verschwinden der Kindheit, Fischer Taschenbuchverlag, Frankfurt am Main, 1993.

Preuss, S. (1993), Psychologische Aspekte naturbewussten Verhaltens, in: Seel, H.J. und Sichler, R.: Mensch- Natur, Zur Psychologie einer problematischen Beziehung, S. 214-224, Westdeutscher Verlag, Opladen, 1993.

Riess, A. (1998), Zur Bedeutung des Spieles in der Grundschule, Hausarbeit zur Prüfung für das Lehramt an Grund- und Hauptschulen, Universität Lüneburg, 1998.

Rode, H. (1998), Handlungsmotivationen von Schülern, in: DGU-Nachrichten Nr. 17, S. 5-15, DGU (Hrsg.), Hamburg, 1998.

Schellhas, B. (1993), Die Entwicklung der Ängstlichkeit in Kindheit und Jugend, Studien und Berichte Nr. 55 Max-Planck-Institut für Bildungsforschung, Berlin, 1993.

Schutzgemeinschaft Deutscher Wald, Hrsg. (1994), Waldjugendspiele und Umweltjugendspiele – Ein Leitfaden für Planung, Organisation und Durchführung, Hannover, 1994.

Schulze, G. (2000), Die Erlebnis- Gesellschaft, Campus-Verlag, Frankfurt/Main, 1992.

Schulz-Zander, R. (1997), Kinder und Computer, Multimedia, Vernetzung und virtuelle Welten, in: Kinder auf dem Wege zum Verstehen der Welt, Köhnlein et. al. (Hrsg.), Klinkhart-Verlag, Heilbronn, 1997.

Seeger, M., 1996, in: WaldPädagogischesPostillon Heft 3-4/1996, S. 5-11, Abteilung für Waldpädagogik im Fachverband Forst e.V., Diedorf, 1996.

Seyfarth-Stubenrauch, M., Skiera, E., Hrsg. (1996), Reformpädagogik und Schulreform in Europa, Schneider – Verlag, Hohengehren, 1996.

Unterbruner, U. (1991), Umweltangst - Umwelterziehung, Veritas –Verlag, Linz, 1991.

Ziegenspeck, J. (1981), Zensur und Zeugnis in der Schule, Schroedel-Verlag, Hannover, 1973.

Ziegenspeck, J. (1992), Erlebnispädagogik. Rückblick-Bestandsaufnahme-Ausblick. Dokumentation der geleisteten praktischen und theoretischen Arbeit (1980-1992). Kleine Schriften zur Erlebnispädagogik, Verlag edition erlebnispädagogik, Lüneburg, 1992.

Ziegenspeck, J. (1997), Erlebnis – Versuch einer Begriffsklärung aus erziehungswissenschaftlicher Sicht, unveröffentlichter Aufsatz zum Forschungsprojekt des Umweltbundesamtes –Naturerlebnisgebiete, 1997.

Ziegenspeck, J. (1999), Erlebnispädagogik – Grundsätzliche Anmerkungen zu einer wissenschaftlichen Praxis und praktischen Wissenschaft, in:http://www.uni-lueneburg.de/einricht/erlpaed/einfuehrung.htm, vom: 12.03.99.

Van Dieren, W., Hrsg. (1995), Mit der Natur rechnen, Birkhäuser Verlag, Basel, 1995.

Welsch, W. 1997, Eine Dopelfigur der Gegenwart. Virtualisierung und Revalidierung, in: Vattima, G./ Welsch, W., Hrsg. (1997), Medien-Welten und Wirklichkeiten, München, 1997.

Wichmann, J. (1992), Celestin Freinet – Ein Wegbereiter der modernen Erlebnispädagogik?, Verlag edition Erlebnispädagogik, Lüneburg, 1992.

Winkel, G. 1993, Die Umweltzentren unter der Perspektive einer Ganzheitlichen Umwelterziehung, in: Dempsey, Janßen, Reuther, Hrsg., (1993), Umweltzentren im wiedervereinten Deutschland und im zukünftigen Europa, Habitat – Arbeitsberichte der Aktion Fischotterschutz e.V., Hankensbüttel, 1993.

Winkel, G. (1995), Umwelt und Bildung, Kallmeyersche Verlagsbuchhandlung, Seelze, 1995.

Wöhler, Kh. (1997), Naturerlebnisgebiete - Rettung der Naturerfahrung? Eine kulturwissenschaftliche Ableitung, Institut für Tourismuswissenschaft Universität Lüneburg, 1997.

9.2. Fotos, Abbildungen und Tabellen:

Abbildung 7: (Seite: 57)	**„Naturerleben im Modell vom Informationslernen"** eigener Entwurf
Abbildung 8: *(Seite: 78)*	**„Erfahrungsfelder für die Planung von Unterricht** (n. Rose)", Quelle: Kleber, E.W. (1993), S. 172
Abbildung 9: *(Seite: 90)*	**„Ablaufschema von handlungsorientierten Unterricht"** eigener Entwurf in Anlehnung an: Meyer, H. (1996), Bd. 2, *S. 405*
Tabelle 1: *(Seite: 19)*	**„Entwicklung der Umweltbildungszentren in Deutschland bis 1996"** eigener Entwurf; Daten nach Kochanek et al. (1996)
Fotos Nr. 1-6: (S. 52, S. 74, S.102, S.107, S. 121, S.130)	Frank Corleis/Büro für Naturerlebnispädagogik

10. Naturerlebnis-Spiele :

Mit den folgenden beiden Spielevorschlägen kann der Leser „erste Schritte" auf dem Weg einer Naturerlebnispädagogik gehen.

Für weitere Vorschläge wird vor allem die Literatur von J. Cornell, (1991) *„Mit Kindern die Natur erleben"* und (1991) *„Mit Freude die Natur erleben"*, sowie das Buch *„Walderlebnisspiele"* (1997), Hrsg. Höhere Forstbehörde Westfalen-Lippe aus dem Verlag an der Ruhr empfohlen. Daneben sind zahlreiche Buchtitel mit vielfältigen praktischen Möglichkeiten zur Naturerlebnispädagogik auch in anderen Verlagen erschienen; unter anderem *„Mit Kindern in den Wald"* von Saudhof / Stumpf (1998) und *„Waldfühlungen"* von A. und B. Neumann (1999) im Ökotopia Verlag. Eine umfassende Auflistung weiterer Buchtipps befindet sich unter www.naturerlebnispaedagogik.de/materialien/literaturtips.

Naturerlebnis-Spiel : „Waldfee"

Zielgruppe: 6 bis ca. 11 Jahre
Teilnehmerzahl: 10 bis 20 Personen (gerade Teilnehmerzahl, da Paarbildung)
Material: Gegenstände, die entsprechend der Personenzahl doppelt vorhanden sind und aus der natürlichen Umgebung stammen können. Lehmkugel
Vorbereitung: 2 Lehmkugeln, Gegenstände in doppelter Ausführung zum Fühlen sammeln (z.B. Schneckenhaus, Früchte, Baumpilz, Rinde, Zweige, Fell, Zähne, Zapfen...)
Dauer: 15 Minuten
Ziel: Kennenlernen der Gruppe, Förderung des Tastsinnes, Einstimmung

---

Einführungsgeschichte:
„Als Walddetektiv gehen wir gleich auf Spurensuche. Dabei sind gerade die ganz kleinen Dinge, die man oft nur am Fühlen erkennen kann, besonders wichtig"
Spielablauf:
Die Teilnehmer stellen bilden zum Austeilen der Materialien einen Kreis (möglichst mit dem Gesicht nach außen). Jeder hält seine Hände auf den Rücken und empfängt vom Spielleiter einen Gegenstand. Diese bleiben nun in der Hand auf dem Rücken. Jeder Teilnehmer erhält seinen Gegenstand in die rechte Hand und öffnet diese nur dann, wenn ein Mitspieler den Gegenstand mit seiner linken Hand ertasten will. Das Tasten erfolgt Rücken an Rücken. Die Teilnehmer mit dem gleichen Gegenstand bilden ein Paar und dürfen sich nun beratschlagen, um welchen Gegenstand es sich bei Ihnen handelt. Zuvor haben sich natürlich die Paare kennengelernt.
Wenn jeder seinen Partner gefunden hat, bildet man wieder einen Kreis. Der Spielleiter fordert jedes Paar auf, sich vorzustellen und den Gegenstand zu benennen und zu zeigen.
Anschließend erzählt der Spielleiter die Geschichte von der Lehmkugel:
„Diese Lehmkugel ist etwas ganz besonders; die Finder haben Glück! Sie stammt nämlich von der Waldfee, welche jede Nacht Lehmkugeln mit eingeformten Wunschzetteln ein-sammelt. Alle von der Waldfee gelesenen Wünsche, die einen ideellen Hintergrund haben, werden bei Vollmond von ihr eingesammelt und irgendwann erfüllt werden. Wenn also jemand hier im Wald während des weiteren Tages Lehm findet, so kann er einfach einen Zettel mit einen Wunsch schreiben, diesen in die Kugel tun und in den Wald legen."

Am geeignetsten wäre die Durchführung des Spieles an einer offenen Bodenstelle, wo sichtbar Lehm zu finden ist.

Naturerlebnis-Spiel: „Wer bin ich?“

Zielgruppe: ab 9 Jahre
Teilnehmerzahl: mindestens 2 Personen, ansonsten beliebig
Material: Postkarten mit Tier- / Pflanzenbildern, Wäscheklammern
Vorbereitung: keine
Dauer: ca. 15 Minuten
Ziel: Tier- und Pflanzenökologie, Lernen des gezielten Fragens, Spaß in der Gruppe

---

Spielablauf:

Der Spielleiter heftet jedem Teilnehmer eine Postkarte mit Pflanzen- oder Tierbild mit einer Wäscheklammer auf den Rücken. Diese Postkarte darf dazu nicht vorher von den Betreffenden einsehbar sein.

Nun gibt es zwei Möglichkeiten, das Spiel auszuführen: Entweder bilden sich Pärchen, die zusammen spielen, oder es wird ein Kreis gebildet, in dem ein Freiwilliger steht. Bei beiden Möglichkeiten geht es darum, dass jeder nacheinander erraten muss, was für ein Tier oder eine Pflanze (Postkarte) er ist. Der Partner oder der gebildete Kreis dürfen auf die Fragen des Ratenden nur mit „Ja“, „Nein“ oder „Vielleicht“ antworten. Somit sind ganz gezielte Fragen erforderlich, um zum Ziel zu kommen.

Wenn das Tier oder die Pflanze herausgefunden wurde, wird dieses mit einem lauten Beifall belohnt, und der nächste Teilnehmer darf raten.

Sinnvoll ist es, dass Kinder im Grundschulalter im Kreis raten, da dann jeweils individuelle Hilfestellung zu den Fragen gegeben werden können. Auch sollte der Spielleiter zu Beginn des Spieles einige Tipps zur Fragemethodik geben. Denn nur wer gezielt und überlegt fragt, kommt an die Lösung.
Ältere Kinder und Erwachsene können auch als Pärchen oder Dreiergruppen zusammen spielen. Jedoch müssen auch sie über die Spieleffektivität genau informiert werden.

Die Auswahl der Tier- oder Pflanzenarten, die erraten werden sollen, muss vorher sehr sorgfältig vom Spielleiter vorgenommen werden. Je jünger die Teilnehmerinnen, desto einfacher sollten die Fragen sein. Für 8 bis 10-Jährige reicht bereits das Erraten der Tier- oder Pflanzengattung. Bei älteren Kindern kann man dann schon ein bisschen genauere Antworten als Maßstab anlegen.

KLEINE SCHRIFTEN ZUR ERLEBNISPÄDAGOGIK

Herausgeber:

Prof. Dr. Jörg Ziegenspeck
(Universität Lüneburg)

Band 1: Jörg Ziegenspeck:
ERLEBNISPÄDAGOGIK.
Rückblick - Bestandsaufnahme - Ausblick.
Bericht über den gegenwärtigen Entwicklungsstand der Erlebnispädagogik unter besonderer Berücksichtigung der Lüneburger Anstöße und Projekte.
Dokumentation der geleisteten praktischen und theoretischen Arbeit (1980 - 1992).
Lüneburg 1992, 4. Aufl., 200 S., DM 25,-- (ISBN 3-929058-39-1)

Band 2: Jörg Ziegenspeck (Bearbeiter):
OUTWARD BOUND.
Gutachterliche Äußerungen für einen Löschungsantrag beim Deutschen Patentamt.
Lüneburg 1987, 62 S., DM 6,-- (ISBN 3-929058-40-5)

Heft 3: Detlef Soitzek / Peter Weinberg / Jörg Ziegenspeck:
SEGELSCHIFF 'THOR HEYERDAHL'.
Eine schwimmende Jugendbildungsstätte.
Lüneburg, 1. Aufl. 1988; 2. Aufl. 1991, 80 S., 3. unveränderte Aufl., DM 8,50
(ISBN 3-929058-41-3)

Heft 4: Dorothee Loos:
SEGELN UNTER PÄDAGOGISCHEM ASPEKT.
Ein Literaturbericht.
Lüneburg 1989, 96 S., DM 7,50 (ISBN 3-929058-42-1)

Heft 5: Reiner Hildebrandt (Hrsg.):
ERLEBNISORIENTIERTER SCHULSPORT.
Sechs Beiträge zur erlebnispädagogischen Praxis.
Lüneburg 1990, 72 S., DM 8,-- (ISBN 3-929058-43-X)

Heft 6: Dietrich Kowalsky (Hrsg.):
DER MARTINS-PASS.
Internationales Freundschafts-Friedens-Freizeit-Tagebuch aus Nürnberg.
Lüneburg 1990, 72 S., DM 7,50 (ISBN 3-929058-44-8)

Heft 7: Margrit Küntzel-Hansen:
MUSIKALISCHE FRÜHERZIEHUNG ALS ERLEBNISPÄDAGOGIK.
Lüneburg 1990, 28 S., DM 6,-- (ISBN 3-929058-45-6)

Heft 8: Juliane Schmieglitz-Otten:
DAS BOMANN-MUSEUM CELLE.
Ein erlebnispädagogischer Lernort.
Lüneburg 1997, 40 S., DM 8,50 (ISBN 3-89569-030-9)

Heft 9: Klaus Miedzinski:
ERLEBNISPÄDAGOGIK IN SÜDAMERIKA.
Bericht über den Bau eines Spielplatzes im Slum.
Lüneburg 1991, 2. erw. Aufl. 1995, 72 S., DM 10,-- (ISBN 3-89569-011-2)

Heft 10: Martin Firker (Bearbeiter):
"FLY JUIST".
(Motor-)Segelfliegen in der Erlebnispädagogik.
Lüneburg 1991, 72 S., DM 7,50 (ISBN 3-929058-48-0)

Heft 11: Torsten Fischer:
DIE UNITED-WORLD-COLLEGES.
Modelle internationaler Internatserziehung auf reformpädagogischer Grundlage.
Lüneburg 1991, 28 S., DM 6,-- (ISBN 3-929058-49-9)

Heft 12: Christian Salzmann:
REGIONALES LERNEN UND UMWELTERZIEHUNG.
Beispielhafte erlebnispädagogische Reflexionen.
Lüneburg 1991, 20 S., DM 6,-- (ISBN 3-929058-50-2)

Band 13: Ulla Mehls (Hrsg.):
ERLEBNISPÄDAGOGIK ZU PFERD.
Beiträge zur Reittherapie und Heilpädagogik.
Lüneburg 1992, 148 S., DM 22,50 (ISBN 3-929058-79-0)

Heft 14: Eckart Balz:
ERLEBNISPÄDAGOGIK IN DER SCHULE.
Schulleben - Schulsport - Schullandheim.
Lüneburg 1993, 2. unveränderte Aufl. 1996, 32 S., DM 7,50 (ISBN 3-929058-81-2)

Heft 15: Helmut Schmerbitz / Wolfgang Seidensticker:
ERFAHRUNGSLERNEN IM SPORTUNTERRICHT DER LABORSCHULE.
Theorie und Praxis einer pädagogischen Konzeption.
Lüneburg 1993, 29 S., DM 6,-- (ISBN 3-929058-82-0)

Heft 16: Angela Hünke von Podewils:
ERLEBEN UND VERKÖRPERN.
Theaterspielen in der Erlebnispädagogik.
Lüneburg 1993, 58 S., DM 12,50 (ISBN 3-929058-91-X)

Heft 17: Helmut Brückner (Hrsg.):
ERLEBNISPÄDAGOGISCHE PRAXISBEREICHE AN DEN LANDERZIEHUNGSHEIMEN.
Berichte und Beispiele.
Lüneburg 1993, 86 S., DM 16,-- (ISBN 3-929058-92-8)

Heft 18: Ulf Händel:
AUFBRUCH INS OFFENE
OUTWARD BOUND ALS EREIGNIS
Texte zur Erlebnispädagogik
Lüneburg 1995, 32 S., DM 10,-- (ISBN 3-89569-007-4)

Heft 19: Jörg Ziegenspeck (Hrsg.) unter Mitarbeit von Anneke Riess:
FAHRT INS LEBEN.
Der "Outward Bound-Preis 1994":
Erlebnispädagogische Projekte stellen sich vor.
Lüneburg 1996, 127 S., DM 22,50 (ISBN 3-89569-016-3)

Heft 20: Jörg Ziegenspeck (Hrsg.):
DAS MUSEUM ALS ERLEBNISPÄDAGOGISCHER LERNORT
Museumspädagogik in den Museen der Freien und
Hansestadt Hamburg und ihrer näheren Umgebung
Lüneburg 1997, 132 S., DM 20,-- (ISBN 3-89569-022-8)

Heft 21: Bernhard Sieland:
HAST DUE HEUTE SCHON GELEBT ?
Impulse zur Selbstentwicklung.
Lüneburg 2000, 176 S., DM 15,-- (ISBN 3-89569-044-9)

Heft 22: Ernst-Rainer Lesch / Gabriele Jarochowski-Lesch:
LERNEN UNTER WASSER.
Theoretische und praktische Überlegungen zum Sporttauchen
als erlebnispädagogische Möglichkeit.
Lüneburg 2000, 81 S., DM 12,50 (ISBN 3-89569-047-3)

Band 23: Frank Corleis
Die Bedeutung von Naturerlebnissen in der Schule:
Naturerlebnispädagogik?
Lüneburg 2000, 148 S., DM 19,50 (ISBN 3-89569-048-1)

Verlag
edition erlebnispädagogik
im
Institut für Erlebnispädagogik an der Universität Lüneburg
Wissenschaftliche Leitung:
Univ.-Prof. Dr, phil. Jörg W. Ziegenspeck
Scharnhorststraße 1
21335 Lüneburg
Telefon: 04131-406147
Telefax: 04131-406148

Zum Autor:

Frank Corleis:

Bis 1994 Studium der Forstwirtschaft in Göttingen (Dipl.-Ing. Forst); anschließende Tätigkeit in der Öffentlichkeitsarbeit bei der Landesjägerschaft Hamburg; 1995/96 Anwärterdienst für den gehobenen Forstdienst in Niedersachsen; 1995 Gründung und Leitung des Büro`s für Naturerlebnispädagogik, dort neben der Durchführung erlebnisbezogener praktischer Umweltbildung div. Werkverträge, u.a.:1997 Umweltbildungs-Konzept im Nationalpark Hochharz und 1999/2000 Leitung der Projektarbeitsgruppe für Konzept und Errichtung eines Umwelterlebnispfades des Landerziehungsheims, Schule Marienau als dezentrales EXPO-Projekt für die Weltausstellung Hannover; ehrenamtliche Mitarbeit im Schulbiologie- und Umweltbildungszentrum (SCHUBZ) Lüneburg; bis 2000 Studium der Erziehungswissenschaften für Lehramt an Grund- und Hauptschulen in Lüneburg (Grund- und Hauptschullehrer).

Kontakt-Adresse:

Frank Corleis, Postfach 1364, 21303 Lüneburg
E-Mail: frank.corleis@naturerlebnispaedagogik.de

Das Büro für Naturerlebnispädagogik

Umweltpädagogik - Fortbildungen - Projekte

Das Büro für Naturerlebnispädagogik wurde 1995 von Dipl.-Ing. (Forst) Frank Corleis bei Stade gegründet. Heute arbeitet es am Universitätsstandort Lüneburg als Team aus ganz unterschiedlichen Fachdisziplinen:

- In der praktischen Umweltpädagogik als Dienstleistung für Schulklassen und Kindergärten sowie bei Kindergeburtstagen und bei Events von Familien, Betrieben und Institutionen.
- In der Fortbildung und Schulung von Lehrerinnen, ErzieherInnen und interessierten Eltern in der Naturerlebnispädagogik und speziellen Themen der Umweltbildung.
- In der wissenschaftlichen Forschung zur Naturerlebnispädagogik und Waldpädagogik sowie anderen Themen der Umweltbildung. Dabei besteht eine Kooperation mit dem Institut für Erlebnispädagogik an der Universität Lüneburg.
- In der Entwicklung und Herstellung von naturpädgogischen Lernspielen, Dioramen und Lernpfaden, sowie im Vertrieb von pädagogischen Hilfsmitteln wie Literatur, Präparaten, Lupen, Binokularen und akustischen und visuellen Medien.
- Im Projektmanagement der Umweltbildung. Dabei führt das Büro für Naturerlebnispädagogik Projekte von der Idee über Finanzierung bis zur Fertigstellung im Team mit den Auftraggebern und deren individuellen Möglichkeiten durch.